琉樂百控

琉球古典音楽
野村流工工四百選
楽譜と解説

ロビン・トンプソン
Robin Thompson

榕樹書林

目次

序にかえて……………………………………………………………………… 5

琉球古典音楽概説……………………………………………………………… 7

第1章 本書の内容……………………………………………………………… 7

第2章 琉球古典音楽の語法…………………………………………………… 8

    2-1 概論

    2-2 曲の形態

    2-3 音階

    2-4 拍節

    2-5 形式

第3章 記譜法の説明…………………………………………………………… 19

第4章 曲目解説の概略………………………………………………………… 24

琉楽百控………………………………………………………………………… 27

初 段……………………………………………………………………………… 29
    かぎゃで風節　恩納節　辺野喜節　中城はんた前節　こてい節

二 段……………………………………………………………………………… 43
    謝敷節　平敷節　白瀬走川節　くにや節　坂本節

三 段……………………………………………………………………………… 53
    揚作田節　中作田節　ごえん節　港原節　湊くり節

四 段……………………………………………………………………………… 63
    出砂節　本散山節　本田名節　昔田名節　大田名節

五 段……………………………………………………………………………… 73
    早作田節　大兼久節　仲順節　芋の葉節　瓦屋節

六 段……………………………………………………………………………… 83
    すき節　あがさ節　伊集早作田節　清屋節　松本節

七 段……………………………………………………………………………… 93
    本花風節　花風節　赤田花風節（I, II）　稲まづん節

八 段……………………………………………………………………………… 105
    赤さこはでさ節　踊こはでさ節　宮城こはでさ節　屋慶名こはでさ節

九 段……………………………………………………………………………… 115
    伊江節　世栄節　垣花節　揚沈仁屋久節　本嘉手久節

十　段……………………………………………………………………………………125
　　作田節　ぢゃんな節　首里節　しょどん節　暁節

十一段……………………………………………………………………………………141
　　茶屋節　昔蝶節　長ぢゃんな節　仲節　十七八節

十二段……………………………………………………………………………………163
　　伊野波節　長伊平屋節　本伊平屋節　昔嘉手久節　真福地のはいちやう節

十三段……………………………………………………………………………………177
　　仲村渠節　仲間節　金武節　通水節　つなぎ節

十四段……………………………………………………………………………………187
　　本部長節　石ん根の道節　永良部節　東細節　比屋定節

十五段……………………………………………………………………………………199
　　柳節　天川節　ちるれん節　高祢久節　揚高祢久節

十六段……………………………………………………………………………………213
　　干瀬節　子持節　散山節　よしやいなう節　屋慶名節　百名節

十七段……………………………………………………………………………………225
　　七尺節　揚七尺節　白鳥節　浮島節　立雲節　さあさあ節

十八段……………………………………………………………………………………237
　　仲風節（本調子、本調子下出し、二揚げ、二揚げ下出し）　赤田風節　今風節

十九段……………………………………………………………………………………255
　　述懐節（本調子、本調子下出し、二揚げ、二揚げ下出し）
　　東江節（本調子、二揚げ、アーキー）

二十段……………………………………………………………………………………269
　　小浜節　石之屏風節　夜雨節　古見之浦節　揚古見之浦節（Ⅰ）　東里節

付録（1）…………………………………………………………………………………281
　　赤馬節　タラクジ節　揚古見之浦節（Ⅱ）　打花鼓

付録（2）…………………………………………………………………………………289
　　菅撹五曲（瀧落菅撹、地菅撹、江戸菅撹、拍子菅撹、佐武也菅撹）

Introduction and Summary ……………………………………………………………301

序にかえて

　琉球古典音楽に関する解説書は数多く出版されているなか、肝心な音楽そのものに関する解説はほとんどなく、音楽の内容は歌詞の内容とすり替えられているきらいがある。特に音楽と歌詞の構造的関係に関する研究は少なく、現在まで充分に追求されていない課題と思われる。器楽曲の伝統がない沖縄では、音楽は歌詞を載せる媒体というふうに考えられており、歌詞（琉歌など）に関する研究は盛んに行われているが、それを伝える媒体としての音楽の研究は立ち遅れている。国文学者の場合、音楽は立ち入りをはばかる領域である反面、実演家の場合、口頭伝承に重きを置くあまり、文献資料である工工四という精密な楽譜（記譜法）を敬遠して、詳しく分析したり、探求したりせず、楽譜にこだわることはあまりない。

　しかし、楽譜という文献資料なくして、曲の内容（構造、形式など）を明るみにすることができない。工工四という古くからあった記譜法は極めて合理的で、実演家にとって分かり易いものである。世礼国男の画期的な『聲楽譜附き野村流工工四』が世に出る昭和10年まで、工工四は三線のパートを記譜するためだけに使われていたが、現在、安冨祖流以外のすべての流派（野村流諸派、湛水流）では声楽譜附き工工四が欠かせない典拠となっている。沖縄の戦後の伝統文化の隆盛のなかで殊に古典音楽の普及は目覚ましいものがあり、それ以来、大合唱による演奏が演奏形態の主流になっているので、統一された演奏法が不可欠になった。そういう背景で、特に野村流において「声楽譜附き工工四」は相変わらず非常に重要な役割を果たしている。

　ただ、現在一般的に使われている工工四には色々な問題点や弱点がある。そのなかの最大のものは、工工四の表記原理の性格上、各曲の構造や構成が明らかではないということである。歌詞と音楽の間に密接な関係が存在しているにも関わらず、実演家も聞き手もそれを意識することはあまりなく、その関係を工工四を通じて明らかにすることはむずかしい。全体的な形式（「1次構造」）だけではなく、拍節構造（「2次構造」）も工工四の譜面から読み取ることができない。これは音楽の内容の理解を妨げる要因になっている。各曲の形式を直感的な

レベルで認識するのではなく、工工四を元にして分析的に表記することができれば、実演家だけではなく、一般音楽愛好者も琉球古典音楽の構造の本質に迫ることができるはずである。それに加え、普遍的な記譜法を使って古典音楽を表記すれば、その音楽に精通している地元の実演家に限らず、もっと広く日本全国はおろか、海外の音楽愛好家にも琉球古典音楽の構造原理を理論的なレベルで認識させることができるはずである。言うまでもなく、音楽が人々の心に訴える真の本質は演奏によって初めて表現されることになる。楽譜というものは音楽の「顔」ではなく、その「骨組み」を表しているにすぎない。しかし、人間が骨格なくして生きることができないのと同じように、音楽は形式によって支えられており、音楽の理解は情緒的なものだけではなく、構造的なものでなければならない。

今回、琉球古典音楽の代表的曲約100曲を野村流工工四から世界的に通用する普遍的な記譜法である五線譜で転譜（transnotate）した。これは歴史学的な観点に基づいた試みではなく、あくまで現在の工工四と野村流における現在の演奏法によるものである。今まで五線譜による琉球古典音楽の楽譜が時々出版されてきたが、拍節構造の誤認、不統一な音高表記など、問題点が多いので、実技教材や研究の対象として定着したものがない。今回の試みは工工四のあらゆる演奏上不可欠な要素を忠実に表記し、その上に音楽の細かい構造を明らかにすることが主な目的であり、それによって地元沖縄の伝統音楽の実演家や愛好者の、この代々伝わってきた不滅な文化遺産への再認識やその国際的普及にいささか貢献できれば嬉しいかぎりである。

最後に、30年以上、琉球古典音楽のご指導をくださった野村流の第一人者で、人間国宝でいらっしゃる城間徳太郎師匠に深くお礼を申し上げたい。先生の長年の細かいご指導やその暖かい人柄は私の音楽人生と沖縄音楽とのつながりを今まで支えてきた。恩の万分の一にも報いたい気持ちで先生にこの書を捧げたい。

ロビン・トンプソン

首里　2016年9月

琉球古典音楽概説

第1章　本書の内容

　現存する最古の琉歌集は『琉歌百控』であり、「上編　琉歌百控乾柔節流」、「中編　琉歌百控独節流」、「下編　琉歌百控覧節流」の3編からなる。成立年代はそれぞれ1795年、1798年と1802年である。いわゆる「節組琉歌集」の元祖であり、その後の殆どの琉歌集と同様、各々の琉歌は節名（曲名）の下で分類されている。『琉歌百控』の各編は二十段に分かれており、各段は5節（一節二首）で構成されている。その構成に倣って、この『琉楽百控』は同様に二十段に分かれており、各段は原則として関連性のある5節で構成されているが、都合上4節と6節などの例外的な段もある。曲順は野村流工工四と同じではないが、各段の構成はなるべく野村流工工四の曲順に従うこととした。

　採譜の元になっている工工四は野村流古典音楽保存会編『声楽譜附き野村流工工四』である。その中から代表的曲約100曲を選んで、二十段構成の楽譜集を編んだ。現行の野村流の主な工工四は世礼国男、伊差川世瑞共著『聲楽譜附き野村流工工四』（昭和10年発行、野村流音楽協会使用）と野村流古典音楽保存会が発行しているその改訂版であり、両版は4巻構成である（上巻、中巻、下巻、続巻〈協会本〉または拾遺〈保存会本〉）。この両版の底本は琉球の最後の国王であった尚泰王下命の『欽定工工四』（野村安趙ら編、明治2年発行、別名『野村工工四』または、『御拝領工工四』）であり、3巻（上巻、中巻、下巻）で構成されている。現行工工四の続巻（拾遺）に集められている曲のほとんどは『欽定工工四』の下巻に載っており、現行工工四にはなく、現在廃曲になっている曲も含まれている。今回、そのなかの八重山で成立した3曲（首里系「赤馬節」、「タラクジ節」、「(揚)古見之浦節」）の歌の復元を試みた。

　『琉楽百控』に集められている曲は野村流工工四（『欽定工工四』と現行工工四）の上巻と中巻の全曲、下巻と保存会版工工四「拾遺」の一部の曲である。上巻と中巻は現在の古典音楽の中心をなす本調子曲で構成されている。下巻の前半は二上げ調子の独唱曲で構成されており、演奏頻度の比較的多い曲を採譜した。下巻の後半と拾遺に含まれている曲の場合、今回の全体的企画のなかで特に参考になる曲を選んだが、演奏頻度が多くても単純な形式の小曲や、『欽定工工四』に含まれていない曲はさけた。移調、拡張や縮小による編曲形式は琉球古典音楽の際立った特徴のひとつなので、下巻と拾遺に現れる同系の曲（「仲風節」、「述懐節」、「東江節」など）をできるだ

け多くとり上げた。

　採譜するに当たり、近年開発された楽譜作成ソフトウエアの可能性を活かそうとした。工工四の三線パートで使われる弾き方を示す符号は符頭の形で区別されており、声楽パートの諸技法は「声楽譜附き野村流工工四」で使われている符号に形が類似しているものを使おうとした。符号など、記譜法の詳細の説明は第三章で述べたい。

第2章　琉球古典音楽の語法

2-1. 概論

　「歌三線(うたさんしん)」と呼ばれる琉球古典音楽のほとんどすべては声楽であり、純粋器楽曲は本書の付録(2)に集められている「菅撹五曲」以外には存在せず、この「菅撹五曲」も本来日本本土の箏曲から取り入れられた曲であり、沖縄で創られた曲である可能性は少ない。歌三線の由来や各曲の成立過程については史料が少ないので、確実なことはほとんど言えない。三線という楽器は南中国から渡ってきたという事情もあって、福建省から琉球に閩人三十六姓が渡来した14世紀末以降に三線が沖縄に渡ってきたことはほぼ確実ではあるが、琉球文化の全盛期で、現在の沖縄文化のなかで代表的なジャンルと考えられているものの多くが成立した18世紀には、すでに三線音楽の起源についての記憶は失われていたようである。例えば、土佐藩の儒学者戸部良熙の琉球見聞録である『大島筆記』(1762年)には、「琉球歌」に関して、このような記述がある。

> 琉球歌　　うたひ物也　これに琴三線鞁弓などをも入るよし也　この歌をうたひ舞ふは扇を持又は四竹を打ても舞也　この歌ふしばかり往古よりかはらず　此ふしにうたはるゝ様に新歌を作るなり

　要するに、18世紀に新しい琉歌はどんどん創られていたが、それを載せる節(曲)は昔のままであり、新しい節の創作はないということである。その時代には、すでに歌三線の起源は伝説的存在である「赤犬子」と関係があったと思われていたが、赤犬子の正体は明らかではない。『琉歌百控乾柔節流』の冒頭に、「歌と三線のむかし初や犬子音東の神の御作」という琉歌が載せられており、このなかの「犬子音東(あかいんこねあがり)」は『おもろさうし』の第8巻の題になっている「おもろねやがりあか

いんこがおもろ御双紙」の「ねやがりあかいんこ」のことである。古琉球期の歌集である『おもろさうし』のなかに個人名が登場するはずがなく、「あかいんこ」と「ねやがり」は「神」と崇められているので、おそらくおもろ歌唱者集団または宗教儀式の主祭者集団であったと思われる。従って、おもろと琉歌の間の発展的なつながりがあるのと同じように、おもろ歌唱法と歌三線の間のつながりがあるのかもしれない。ただ、それと矛盾して、歌三線の歌詞である琉歌には神歌的な要素は全くなく、あくまでも世俗的、叙情的な内容のものばかりである。歌三線の音楽の場合、宗教音楽的な要素はなきにしもあらずだが、それは仏教の歌唱法である「声明(しょうみょう)」の影響によるものと受け止めることができ、沖縄本来の神歌との関連は薄い。歌三線と中国の音楽との関係も考えられるが、具体的な関係を裏付ける材料が少なく、理論的な次元でのつながりが想定できていても、それは結局憶測の域を出ない仮説にすぎない。

史料の乏しさ故、歌三線に関する根拠のない俗説が久しくまかり通っており、琉球音楽の歴史的理解を妨げている。例えば、現在「昔節」(十段)と「大昔節」(十一段)と分類される曲があるが、「その発生は十三世紀ごろにさかのぼるものと考えられる」(沖縄大百科事典)とされるむきもあるが、13世紀は琉歌がまだ成立せず三線が琉球に渡来する以前の時代であるということはさておき、全レパートリーのなかでも最も複雑な構成を持ち、最も高度な演奏技術を要し、最も洗練された音楽語法を呈し、さらに明らかに自然発生的にではなく、高度なレベルで意識的に「作曲」された曲が、このジャンルの最古層に属するという考え方は、歴史的発展を逆さまにしていると言わざるを得ない。

次に、琉球古典音楽の構成要素を分析してみたい。

2-2. 曲の形態

日本の大部分の伝統音楽のジャンルと同じく、沖縄の三線音楽のテクスチュアはヘテロフォニー(異音性)を基礎にしている。ヘテロフォニーはモノフォニー(単声性)とポリフォニー(多声性)の中間的なテクスチュアであり、モノフォニーを複雑化したものである。ヘテロフォニーの場合、二つ以上のパートが不即不離の関係にあり、基本的に同じ旋律をほぼ同時にたどりながら、わずかな時間的差(先取りまたは遅延)や装飾音形付加などの技法を取り入れて、曲が展開する。各々のパートの細部が違うので、ポリフォニーに聞こえる場合もあるが、本質的に単旋律に基づいたテクスチュアである。

琉球古典音楽の場合、各曲の骨格になっている基本旋律は三線のパートにあるので、歌はその旋律を修飾する形で展開する。そういう意味では、三線は決して伴奏楽器というふうに考えるべきではなく、曲の構造上、むしろ音楽の主役である。三線は旋律の骨格を提示するだけではなく、曲の拍子を伝える役目も負う。西洋音楽の歌曲の場合、一般的に歌の旋律があり、それにピアノ等の楽器が脇からそれを支え「伴奏」するという形を取っているが、琉球古典音楽の場合、声と楽器の関係は逆になる。もちろん、実際の演奏において歌は中心になるが、音楽の構造から言えば、三線の旋律線は音楽の基礎である。そのため、琉球音楽の楽譜である工工四は三線パートのみでできており、声楽譜付き工工四が考案された現在も、三線のパートが主であり、歌は右の端に小さい文字で表記されているだけである。それに倣って、今回の五線譜の楽譜にも、「歌と伴奏」という洋楽的概念を払拭するため、三線のパートを上、歌を下、という形で採譜している。

しかし、言うまでもなく、三線の旋律は骨格に過ぎず、それだけで音楽が成り立つわけではなく、歌と三線の旋律の複雑な相互作用によって初めて音楽に生命が吹き込まれる。一方、三線の演奏家は1人で三線を弾きながら歌うので、三線なしでは歌も成り立たない。「弦声一体」または「弦声一如」という沖縄音楽美学のキーワードが示すように、三線と歌は表裏一体の関係にあり、どちらもお互いに独立した形で存在し得ない。

実際の演奏において、箏、胡弓、笛などの楽器も加わることが多いが、これら楽器のパートはあくまでも形式的なヘテロフォニーの原則に基づいて構成されており、主旋律から離れる動きはしない。

2-3. 音階

音階は音楽の最も重要な構成要素のひとつであり、リズムと拍節とともに音楽語法の根本である。「琉球音階」と言えば、「二六抜き」というレ・ラ抜き、固定ド・ファ・ソの長音階を連想する向きは多いが、実際には沖縄の伝統音楽にはそのような音階はほとんど存在せず、「三下げ」調弦の新民謡にしか現れてこない。では、古典音楽に現れる音階体系はどういうものか、簡単に調べてみたい。暫定的な結論から言えば、本調子調弦の曲の場合、5つの音階、二上げ調弦の曲の場合、3つの音階が想定できるように思う。ただ、二上げの3つの音階は基本的には本調子の3つの音階の転調による変形型に過ぎず、しかも本調子の音階の一つ（Iab）は他の2つの音階（Ia、Ib）の混合型なので、それを計算から外すと4つの音階が残る。各音階は図1で示されているとおりである。

(図-1) 琉球古典音楽の諸音階

本調子（C-F-C'）

二揚げ（C-G-C'）

一揚げ（E-F-C'）

まず、基本素材となる音を整理すると、五音音階の傾向が強いが、必ずしも1オクターヴに収まる五音音階ではないという特徴がある。もうひとつの重要な特徴はⅣとⅦは不安定な音または経過音扱いになっているということである。特にB音（三線の「尺」に相当）は洋楽の音階の同音より約四分音低い。Iaの場合、Cを主音に、上行3度の旋律動きが顕著である。Ibの場合、Fを核音に、下行の旋律動きが多い。Ia, Ibという音階は滅多に独立した形で現れず、圧倒的に多い形はその混合型であるIab音階である。この場合、特に注目すべきことは、この音階を利用する曲には2つの核音（4度関係にあるCとF）があるが、それぞれの核音を音階の主音に考えると、性格の違う2つの別の五音音階が現れてくる。この2つの音階の「交差点」は上のオクターヴのFであり（Iaの主音から5番目の3度音程）、この2つの核音を1つの音階の構成音として考えることは誤りではないかと推測できる。この2つの音階を組み合わせることで、音楽の表現力や緊張感が強くなり、2つの音階に共通な音の音楽的意味がコンテクストによって変わってくることになる。Iab混合音階の場合、1オクターヴの構成音は6つあり、A音（IaのⅥ、IbのⅢ）だけがない。

本調子のIc音階Iは三線の第2ポジション（工工四では「左手中位」と表記）の曲にしか現れず、1つの核音（主音）しかないという特徴がある。この音階にも3度による上行順次進行の傾向が強く、Fを主音にⅣ（B音）は不安定な音であり、経過音扱いになっているのが通常である。そういう意味で、Ic音階はIa音階の変形型として受け止めることができるが、ただⅦ（E）は安定した高さの音であり、IaのⅦとその相対的な位置や意味が違う。

本調子のId音階は中国など、世界共通の四七抜きの五音音階であり、わらべ歌、八重山民謡などに由来する曲やその他の特殊な曲（特に単旋律の曲）に時々使われている。

二上げ調子の曲は本調子曲と同じ音階構造を持つが、三線と声の限られた範囲の音域の関係でⅡb音階はⅡa音階に対して1オクターブ下に現れる。Ⅱaの音階が優勢のとき、Ⅶ（F♯）（本調子の「尺」の音に相当）は安定した半音であるが、Ⅱbの音階が優勢のとき、本調子の「尺」（二上げ調子の場合、「七」と「下老」）と同じように、約四分音低い音になる。

一上げ調子のIcx音階はIcの変形型であり、両音階の構成音は同じである。しかし、これは非常に特殊な音階であり、主音であるはずのFはあまり登場せず、音階の中心的な音は三全音に近い関係にあるEと不安定の音である四部変Bである。以前の論文[1]でも指摘したように、これはおそらく中国の三弦音楽（沖縄の一揚げ調は「平調」という中国の三弦音楽で頻繁に使われている調弦に近い）が琉球に導入された時に受けた影響のもとでの過渡的な現象だろうと推測できる。

---

[1] ロビン・トンプソン「沖縄音楽における中国音楽の受容について」『文学』52、1984年：163〜176頁。

総合的に見ると、琉球古典音楽で使われる音階の際立った特徴は(1) 4度離れた主音を元に2つの五音音階の同時展開 (Iab、IIab)、(2) I と IV の不安定な関係または三全音関係への傾斜 (Ib、Ic、IIb、Icx)、(3) 昔節など、レパートリーの核となる曲における3度音程に基づいた音階 (Ia) への強い傾斜、(4) 昔節以外の本調子曲の場合、Ib の音階が優勢で、Ia との関係は洋楽における主音と下属音との関係に近い、(5) 二揚げ曲の場合、IIb の音階が優勢で、IIa との関係は洋楽における主音と上属音との関係に近い、などである。

2-4. 拍節（2次構造）

曲の1次的構造は歌詞との関係で現れる曲の全体形式であるのに対して、2次構造は拍節構造を指す。工工四には拍節に関する表記がなく、五線譜で使われる小節線区切りや拍子記号などを適用することによって、各曲の拍節構造は目に見える形で初めて明らかになる。ただ、拍節分析は絶対的なものではなく、音楽の流れをどう区切るかは筋が通る解釈は多種あり得る。そういう意味で今回の楽譜集における拍子記号の使い方は唯一の決定的なものではなく、最も論理的と思われる方法で拍節構造を明らかにするつもりで工夫したものだけである。ただ、筆者の音楽的な「勘」によるところが多く、最も自然に感じる拍節を採用した。

工工四を五線譜に転譜するという作業自体は必然的に拍節に関する分析行為でもあるので、転譜するにあたり拍節の区切りは絶えず意識的に決めなければならない課題である。今回の楽譜を見るだけで拍節構造は一目で理解できるはずだが、ここでは琉球古典音楽の拍節構造の主な特徴について手短に述べたい。

まず、ほとんどの曲は偶数拍子になっており、4拍子と6拍子の拍子単位が最も頻繁に登場する。4拍子を優位に、この2つの拍子の絶えざる交替は特に上巻節の顕著な特徴であり、中巻にある昔節などの比較的に長い曲（十段、十一段、十二段など）の場合、変則拍子の数曲を除いて、4拍子優位の曲が多い。2拍-1拍-1拍という拍子単位が基本であり、旋律線の輪郭と共に、二分音（「マル拍子」）の位置が小節の拍数（4拍子または6拍子）の決定要因である。例外はあるが、原則として三線の譜のなかの二分音符（または連続二分音符の最初の音）は小節の頭（1拍目）に来るように工夫している。拍節の2部構造は旋律（音階）の2部構造と似ており、この両方の2部構造は曲に変化を与え、旋律にもリズムにも似通った構造があると言える。

変則拍子は一般的ではないが、特に「柳節」を除く「仲風（なかふう）」系曲（十八段）や大昔節（うふんかしぶし）（十一段）に多

い。ただ、変則拍子が多い曲においても、偶数の4拍子は基本的な拍節単位であり、変則拍子には旋律を細かく修飾する効果はあるが、それでも全体的には偶数拍子は優勢である。解説編にも各曲の拍節構造の詳細について敷衍する。

2-5. 形式（1次構造）

　琉球古典音楽のほとんどすべては声楽であり、その歌詞は主に短詩系の琉歌形式であるということはすでに述べたとおりである。短詩系（琉歌形式または仲風形式）の歌詞を使っているこの「節歌」は首里系の古典音楽の大きな特徴であり、それは沖縄諸島の神歌、八重山や宮古諸島系の歌と近代以降の沖縄民謡の有節系の歌との著しい違いである。「節歌」の場合、楽曲形式は基本的にはひとつの琉歌の8/8//8/6の4句構造によって左右される。例外としては、琉歌の「長歌」形式や「仲風」形式の曲もあるが、この形式の歌も広い意味では短詩系の琉歌形式のなかに含まれる。それ以外の形式の歌詞を使っている曲は現行の工工四のなかでは「口説（くどぅち）」系の曲と宮古や八重山系の数曲にしか過ぎない。

　では、楽曲と歌詞の関係を詳しく検討してみたい。まず、いわゆる「下出し（さぎんじゃ）」系曲以外、すべての曲は器楽前奏（非反復）または「歌持ち（うたむち）」という三線による短い旋律パターンの繰り返しで始まる。今回の楽譜集のなかでは、歌持ちは最初の複縦線まで続く部分であり、1回弾いてから2回以上繰り返す構造になっている。特殊な符号としては、上の角括弧があり、歌い出しの時、省かれる箇所を指す。「前奏」で始まる少数の曲の場合、繰り返す仕組みになっていないので、弾いてからすぐ歌に入る構造になる。歌持ちには色々な機能や効果があると思われる。舞踊曲の場合、歌持ちは踊り手が舞台に出て、基本立ちの姿勢に入るまで地方（じかた）によって何回も繰り返され、また踊りや歌が終わり、踊り手が退場するまでの間、同じように繰り返される。踊りが伴わない楽曲演奏の場合、2~3回繰り返すことが現代の一般的な演奏法である。歌持ちは極めて形式的なものであり、その後の歌の素材と直接に関係がないものが多いので、その役割や性質についてもう少し考えてみたい。

　全く同じ歌持ちはいくつかの曲にも使われるが、本調子曲の場合、最も頻繁に曲の冒頭に登場するのが、こちらでいう「御前風型」歌持ちである。本巻に収録されている本調子曲のおおよそ3分の1（22曲）にこの歌持ちが使われている。本調子曲と二揚げ曲を問わず、同じ歌持ちが2曲以上に使われる例はほかにもあるが、この「御前風」歌持ちは圧倒的に多い。それに続く歌の音楽

内容とほとんど関係がないのに、この歌持ちはなぜこんなに何回も使われているかを解明するにあたり、組踊で使われる「出羽手事(んじふぁてぃぐとぅ)」という器楽による反復音形は示唆的である。

「按司(あじ)出羽手事」、「若按司(わかあじ)出羽手事」「大主(うふしゅ)出羽手事」などの「手事」があり、その役に扮する役者が舞台にこれから出るという合図を聴衆に与えるという意味で、いわゆる示導動機(ライトモティーフ)というものである。「御前風型」歌持ちは本来それと類似した役割を果たしていたと考えても不自然ではない。

古典音楽は元々首里の宮廷音楽だったので、最も正式な演奏の場は宮廷での宴会や儀式などであった。この「御前風型」歌持ちは宮廷のなかでの国王や高級貴族の「お出ましの手事」であったことは十分考えられるが、そこまで考えなくても、公の場での演奏や儀式の場開きの合図としての役割を果たしていたことはほぼ間違いないであろう。[2]

この歌持ちは特に公の場で演奏される曲に付けられており、個人的な感情が表に出る叙情歌(公の場での演奏がタブー視されていたようなので「禁歌」や「不宜歌」と形容される「仲風節」など)にはこの歌持ちが全く使われていないということも示唆的である。「御前風型」歌持ちが付く歌詞の内容はめでたいものや国王礼賛のものが多いということはこの仮説をさらに裏付けているのではないだろうか。因みに、歌い出しの核音がC(工)だと御前風1型(8拍の全音形)、核音がF(四)だと御前風2型(8拍音形の7拍目で止め)が使われている。

楽曲の形式は歌詞の形式に合わせられており、「一句内反復型」(I型)、「通作型」(II型)と「有節型」(III型)に大別できる。さらに細かく分類すると以下のとおりである。ちなみに、曲と歌詞の関係を明らかにするために、琉歌の形式をまず上句(8/8音)と下句(8/6音)に分けて、それから両句をさらに2句ごとに分けて、「上一」、「上二」と「下一」、「下二」というふうに表記してそれぞれ分けて、四句構造を元にして論を進めたい。この分類法に基づいた各曲の形式型は巻末の表2で表示されており、それを参考にしていただきたい。

---

[2] 沖縄の民俗芸能における「場開き」反復音形の代表的な例は多良間島の八月踊りで使われる三線による音形である(譜例)。現在では、祭の日に、朝早くから祭が始まるまで数時間各部落中この音形が繰り返しラウドスピーカーで放送されており、雰囲気作りとともに、祭参加者の集合を呼びかける役割を果たしている。因に、この音形に限らず、「御前風歌持ち」や「手事」の諸音形はすべて本調子のIb音階になっている。

(図-2) 琉球古典音楽の形式型

I型：一句内反復型

  I:1　上下句反復型（琉歌8/8//8/6形式）（A-A'）

    I:1/a　下二、2音足らずのため、2音繰り返す、又は囃子詞で補う。

    I:1/b　下二、2音足らずのため、2音を調整した後、囃子詞で終わる。

    I:1/c　下二、2音足らずのため、下句楽節短縮。

  I:2　上一、上二、下一反復型（a-a-a-b）

  I:3　上一、上二、下一、下二反復型（a-a-a-a）

  I:4　上一、上二反復、下句展開型（a-a-B）

    I:4/a　上一、上二正確反復型

    I:4/b　上一、上二変形反復型

  I:5　上下句変形型

  I:6　仲風形式

  I:7　下一、下二反復型（A-b-b）

  I:8　変則反復型

II型　通作型

  II:1　非反復型

  II:2　下句反復型

III型　有節型（非琉歌形式）

  III:1　先島系

  III:2　口説型

　最も多い形式型は一句内反復型であり、大部分の曲はその形式に基づいている。そのなかで、上巻節など、比較的に短い曲（「羽節」、「端節」または「波節」と表記する「はぶし」）は主にI:1型（琉歌8/8//8/6形式）の形を取っている。その形式型の特徴は、上句（8/8）の素材は下句（8/6）で反復されるということであるが、「下二」の音数はその他の3句より2音少ないので、その反復は正確なものが少なく、色々な変形型がある。

　最も簡単な形式型はI:1aであり、その代表例は「辺野喜節」、「港原節」や「ごえん節」である。この場合、上句と下句の音楽は全く同じであるが、下二は6音であり、上二に比べて2音少なく

なっているので、それを補うために、下二のなかの2音を繰り返す、または囃子詞を入れるという方法を取っている。例えば、「ごえん節」という代表的なI:1/a型の曲の場合、下二の歌詞は「わぬんあすぃば」であるが、上下句の正確な反復を実現するために、「わぬんあすぃあすぃば」というふうに歌う。同形式の「辺野喜節」の場合、下二の「ましらさかな」は「ヨンナ」という囃子詞を足すことで、足りない音数を補う。「大兼久節」は基本的には同じ形式であるが、下二を歌った後、囃子詞で曲が終わるという特徴がある。

I:1/b型の代表例は「瓦屋節」や「すき節」などである。この場合、上一と下一は同じ音楽であるが、下二は途中から上二と別れて、曲は囃子詞で終わる。

I:1/c型は比較的に珍しい形式型ではあるが、「恩納節」と「仲順節」はその型の代表例である。この場合、上下句反復が基本ではあるが、下二の楽節を短くすることで、6音の句を処理する。上下句反復型の他、一句内反復型には上一、上二、下一反復型（I:2）と琉歌の四句反復型（I:3）もある。

I:2型は小曲（「坂元節」、「七尺節」など）にも比較的に長い曲（「天川節」、「東江節」など）にも使われている。小曲の場合、下二は各句と同じように始まるが、音数が他の句より少ないので、楽節が短縮される。それに対して、「天川節」や「東江節」の場合、上一、上二と下一は正確な反復で構成されているが、下二には新しい素材が取り入れられているので、下句は全体的に展開型の様相を呈している。

I:3型の場合、上一、上二、下一、下二の各句が反復されて（a-a-a-a）、その形をとる曲は「昔嘉手久節」と「比屋定節」の二曲だけである。「昔嘉手久節」の下二の6音は囃子詞で補われるのに対して、「比屋定節」の下二のフレーズは二拍短縮される。

I:4型は上一、上二反復、下句展開型（a-a-B）であり、特に古典曲のなかで最も密度が高く、最も長く、最も高尚とされる「昔節」というジャンルの曲の代表的形式型である。歴史的なつながりはもちろんないが、この形式型は西洋音楽におけるソナタ形式と似ており、呈示部→呈示部の反復→展開部→再現部というソナタ形式の基本的な形と同じである。世界の芸術音楽の形式の典型のひとつと言えるであろう。I:4型には2つの種類があり、I:4/aの場合、上二は上一の正確な反復であるに対して、I:4/bの場合、上二は上一の変形型反復であり、両句の旋律素材は基本的には同じではあるが、旋律そのものは同じではないという特徴をもつ。1:4型は最も整っている形式型であり、「昔節」のほかには「こてい節」、「真福地のはいちょう節」、「踊こはでさ節」などの古典的香りが高い上巻節もこの形式型に基づいている。

I:5型は上下句変形型であるが、この形式型の主な特徴は、曲の元になっている旋律素材は上句で呈示されており、下句では変形されるということである。この形式型は「作田（ちくてん）」系曲の特徴であり、「揚作田節」、「早作田節」や「伊集早作田節」はすべてこの形式型に従っている。

　I:6型は「仲風」系曲を特徴づける形式型である。「柳節」をたったひとつの例外として、「仲風」の歌詞（5/5//8/6または7/5//8/6）を使う曲群（「仲風節」と題される諸曲、「今風節」、「赤田風節」）はすべて同じ形式的テンプレートに基づいており、全体的形式はほぼ同じである。各曲は「歌持ち」ではなく、非反復型の比較的に長い器楽前奏で始まり、歌は感嘆的旋律断片の声出しで始まる。他の形式型の場合、音楽の形式的単位は歌詞（琉歌）の上下句または四句構造を反映する形で反復は必ず句毎の冒頭から行われるのに対して、「仲風」形式の場合、反復されるフレーズは句の途中から展開する。具体的に言えば、上句には反復はなく、下句に入ると、上一4（上句の1句目の4番目の音）の所に戻り、下一1に続いて、また下一7から上一4に戻る。下二は前奏に基づいた動機展開によって進む。各曲の詳しい分析を解説編に譲るが、この形式型の顕著な特徴は歌詞の形式と楽曲形式のずれである。

　I:7型の下一、下二反復型の例は「長伊平屋節」と「本伊平屋節」の2曲だけで、この2曲は基本的には同じ曲であるので、1つの例しかない形式型である。

　I:8型の変則反復型の例は「松本節」だけである。この曲の場合、反復は各句内の5音から始まる。詳しい分析を解説編に譲りたい。

　II型の曲はいわゆる「通作型」の曲である。「通作型」（through-composed）という用語は一般的には「有節型」（strophic）と対照をなすが、今回は「句内非反復型」という意味で使いたい。通作型の歌曲の特徴は、全歌詞を歌い終わるまで形式的な反復がないことであるが、下句を反復するという形を取る曲があるので、この形の曲は「下句反復型」または「句外反復型」と呼んでも妥当であろう。II型の曲の大部分には形式的反復ではなく、動機的反復また旋律の部分的反復があり（II:1型）、それによって曲の統一性が保たれる。それに対して、下句を繰り返す曲もあり、比較的に珍しい形式型ではあるが、そのなかには琉球古典音楽の代表的な曲が数曲含まれている（「かぎやで風節」、「作田節」、「花風節」など）。

　III型の「有節型」形式は民謡の一般形式であり、III:1型は琉歌形式以外の歌詞が使われる曲（特に八重山と宮古の曲）で、2番以上の歌詞が歌われる曲はIII:1型である。ただ、数番の歌詞があっても、「赤馬節」のように1番だけで比較的に長い曲もあるので、音楽の素材の観点から言えば、必ずしもIII:1型とII:1型を厳格に区別できない。III:2型は7/5音の叙事的内容の歌詞を基本と

する「つらね」形式の「口説型」の曲であり、今回の楽譜集にはこの部類の曲が含まれていない。「上り口説」、「下り口説」、「四季口説」などは全てこの形式型の代表的な曲である。

第3章　記譜法の説明

　五線譜という記譜法は西洋で生まれたものであり、西洋音楽と共に進化したということはもちろんであるので、西洋以外の文化圏で生まれた音楽を表記するために必ずしも適切ではない。しかし、五線譜は他の記譜法にない長所が多く、現在、西洋音楽だけではなく、世界中の民族音楽を記譜するためにも使われている。

　今回、琉球古典音楽を転譜する理由は主に

　　1) 楽曲を視覚化することで、その全体的や部分的構造をわかりやすくすること

　　2) 五線譜という記譜法の特徴である分析原理を応用することで、工工四という記譜法では把握できない楽曲の形式と拍節構造を明らかにすること

　　3) 世界のどこでも通用する普遍的な記譜法を応用することによって、沖縄だけではなく、日本本土や遠く海外でも音楽の基礎教育を受けたことがある人々のために、今までにない琉球古典音楽の新しい教材や研究材料を提供して、沖縄音楽の普及に少しでも貢献すること

である。

　逆に言えば、工工四という記譜法の短所は

　　1) 楽曲が視覚化できないので、一升ずつの「棒読み」的な解読になり、曲の構造は読み取れず、音楽を聴く側だけではなく、実演家でさえその構造をあまり意識しない

　　2) 沖縄に限定される記譜法であり、沖縄の音楽にすでに精通している者でなければ、すぐには解読できず、沖縄音楽の理解、普及と研究を阻んでいる

ということが言える。

　琉球古典音楽を五線譜に転譜するなら、その大前提は工工四にあるあらゆる情報を正確に取り込むことである。今回は、私は決して自分流の「改訂版工工四」を作るという大それたことを試みているわけではなく、あくまでも現行の工工四の内容をそのまま五線譜に移すという作業を試みたのである。野村流の『声楽譜附き工工四』を作った世礼国男は、『琉球音楽楽典』のなかで「私の声楽譜は西洋音楽々譜に比すれば劣っている」と書いているが、実はその声楽譜は非常に細か

く表記されており、日本音楽のすべての楽譜のなかでも最も細かいものである。西洋音楽が既に教育課程のなかに導入された昭和10年に発行された楽譜なので、世礼は教育者でもあったという立場上、五線譜を念頭に置いて工工四の声楽譜を作ったのであろう。では、なぜ最初から世礼は五線譜を使わなかったかというと、昭和10年ごろ、日本における西洋音楽と五線譜の歴史はまだ浅く、それ以前、沖縄の音楽を五線譜で表記するという試みは色々あったのだが、その殆どは極めて稚拙で、正確さを著しく欠いていたので、世礼はためらっていたのではないだろうか。

しかし、1930年代以降の現代音楽の発展と共に、五線譜の普遍性はさらに増しており、西洋音楽の枠を越えた非常に適応性のある記譜法になっている。工夫すれば、世礼の声楽譜に表記されているあらゆる要素を取り込むことができるだけではなく、五線譜の分析的性質を活かすことによって、「付加価値」的な楽譜を作ることができるようになってきたのである。

現在でも、琉球古典音楽の学習は口頭伝承を中心に行われているが、その伝承は典拠となる規範的楽譜に基づいている。世界の芸術音楽のほとんどは文字（楽譜や理論書）を伴う音楽であるので、琉球古典音楽の有効な学習法を考えると、楽譜をもっと詳しく分析して参考にしながら、曲の内容を理解したうえで習得したほうが良いのではないだろうか。

今回の五線譜による楽譜は以下の原則に基づいている。

■楽曲の形式を明らかにするために、反復記号を最大限に利用した。

■本調子の調弦はC-F-C'、二揚げの調弦をC-G-C'を元に採譜した。これは読み易さを考えて、嬰記号や変記号を少なくするためである。したがって、記譜された音は相対音であり、絶対音と考えるべきではない。沖縄の音楽の音高は、演奏家それぞれの声域に合わせて調整すべきである。現在の合唱演奏の場合、Cを基本とする演奏は一般的であるが、歴史的にはこれはかなり高く、以前は全音下のB♭あたりの音が基本だったと思われる。調子笛の利用が一般的になる前の古典音楽の録音を聴くと、基本音はGからDまで、さまざまな高さになっている。つまり高さが決まっておらず、曲調、声域や気分によって決められていたようである。しかし、大合唱という形式の演奏が一般的になっている現在、低い声（バリトンとバスの声域）と高い声（テノールの声域）の音楽家が無理なく一緒に合唱できる統一した高さにすべきである。特に女性の三線演奏家がますます古典音楽の世界に進出してきている現在、調弦の高さを下げたほうが望ましいと思われる。

■三線の「尺」の音（B）は不安定な音であり、上行進行のとき高く、下行進行のとき低い、という傾向があるが、おおよそBより四分音低いと考えるべきである。Icの音階の場合、音階

はへ長調に近いので、♭記号は調号に入れてあるが、基本的にはIa/b音階のB音と同じ高さの音である。

■三線の音は実音より1オクターヴ上で表記されている。旋律の骨格は三線のパートにあり、古い工工四の場合、譜は三線のパートだけでできているので、三線のパートを上の譜表、声楽のパートを下の譜表にした。琉球古典音楽は本来男性歌手に歌われていたので、低音部記号を使って採譜した。沖縄の声楽の場合、男性の声と女性の声の間、1オクターヴの差があるので、女性は表記の高さより1オクターヴ上で歌う。

■拍子記号は拍節の構造によって決められており、特に4拍子と6拍子の拍子単位の交替が多い。1曲のなかに2回以上同じ旋律進行があれば、できるだけ同じ小節分けを使おうとした。

■三線の最も長い音の表記は原則として二分音符である。四分音符または二分音符の休止符が四分音符の音に続く場合、「開弦」と言って、左手の指を弦から離して、手を開く。

■三線の各奏法は符頭の形で区別している。声楽の記号は工工四の記号に近いものを使おうとしたが、もっと分かり易く合理的なものがあれば、それを使った。各記号の説明は以下の通りであるが、「カキ」などの奏法の細かい説明や音符表記は不可能なので、師匠からの指示が必要。

■解説編における斜体ローマ数字(例えば、$11/3$)は、小節番号とその小節のなかの拍を指す。$11/3$は11小節の3拍目、$11~12$は11小節から12小節まで、という意味である。

■歌詞は基本的には野村流工工四に載せてあるものを使っている。略語と記号の意味は以下のとおりである。「全」:『琉歌全集』(島袋盛敏編、東京、昭和43年、現在最も権威あるとされる古典琉歌集成)、「百」:『琉歌百控』(最古の琉歌集、1795年、1798年、1802年発行)、「混」:『混効験集』(沖縄最古の辞書、1722年編纂)、「古」:『古今琉歌集』(明治28年発行の琉歌集)、「訳」:歌詞の現代語への意訳、「野」:『野村流工工四』の中の歌詞表記(歌詞本文は平仮名、囃子詞は片仮名表記)、「ロ」:歌詞のローマ字表記(囃子詞は斜体表記)、「英」:筆者による英訳、「YK」:『屋嘉比工工四』(最古の工工四楽譜、18世紀半ば成立)、「与」:『ふるさとの歌』(与那覇政牛著、野村流古典音楽保存会編、那覇、リューオン企画、1986年)、「八」:『八重山民謡誌』(喜舎場永珣著、那覇、沖縄タイムス出版部、1968年)、「＊」:歌詞の変形型をさす(琉歌集には当歌詞に完全に対応する歌がない)、「//」:琉歌の上句と下句の区切り、「/」:各句(上句、下句)内の区切り(例:8/8//8/6)、「｜｜」:歌詞の反復句、「||:～:||」:反復記号。

弦楽記号

(1) 小弾（クバンチ）：撥で小さい音を発する（主に開放弦）

(2) 打音（ウチウトゥ）：左手の指で表記された音で弦を打つ

(3) 打抜音（ウチヌジウトゥ）：左手の指で表記された音で弦を打って、直ちに指を離す

(4) 掛音（カキウトゥ）、抜音（ヌジウトゥ、小符頭、歌い出しの一拍前）：撥のアップストロークで弾く

(5) 掻音（カチウトゥ）：左手の指で表記された小さい音符（装飾音符）で弦を掻いて、三角符頭の音を響かせる

(6) 押下（ウシウルシ）：ポルタメント

(7) 開放弦

(8) ポジション移動（次の＋印まで）（例：I→II→I、II→I→II、(I→III→I は「菅撹」のみ）、次頁の「五線譜：工工四対照表」を参考）。曲の冒頭において、第2ポジション（II位）をさす。

声楽記号

(1) 次第上げ（シデーアギ、上行）、次第下げ（シデーサギ、下行）：ポルタメント

(2) ネーイ：遅い下向ポルタメント

(3) 振り（フイ）：十六分音符に付いており、音を振り上げる

(4) 振り上げ（フイアギ）：八分音符に付いており、音を振り上げる（通常、同時に右手を回す）

(5) ウチグイ：喉を圧迫して母音を軽く発する

(6) 小掛（クガキ）：2音をつなぐ細かい装飾音（通常半音下げ）

(7) 大掛（ウーガキ）：2音をつなぐ装飾音（小掛より広く、低い）

(8) 特別大掛：2音をつなぐ装飾音（大掛よりさらに広く、低い）

(9) 当（アティ）：アクセント

(10) 呑（ヌミ）（小符頭）：促音で歌い出す

(11) 突吟（ツィチジン）：声を切ったあとの強いアクセント

(12) クダミ：アクセントの一種

(13) ユルシ：音声の力を緩める

(14) 押切（ウスィジリ）：声を切るところで、余韻を少し低めて消す

(15) 不定音高

■小符頭は1）ヌミ、2）フイとウチグイの後音、3）ユルシ、4）工工四の声楽譜で、「声切り」と並列に表記されるフレーズの最後の音（または2音）、で使用。

■歌詞は平仮名、囃子詞は片仮名で表記。反復部などにも、囃子詞はそのまま繰り返す。

■「いぃ」はyi、「うぃ」はwi、「うぅ」はwu、「ん」は「マ行」の前でm（例、mma（馬）、mmi（梅））という発音の表記である。

■歌持ちの表記：歌持ちは最初の複縦線まで表記され、反復する場合、頭から繰り返す。ただし、歌い出しの時、⌐ ̄範囲内の音を飛ばす。

■息替え（気替え）のところは工工四に表記されていない。1つのフレーズを一息で歌うことが理想的であるが、一息で歌えない長いフレーズの場合、自由に息を替えるのではなく、旋律の流れが途切れないように替えなければならない。特に歌詞の発音や旋律の音が替わるところでの息継ぎは許されておらず、歌と三線が同音で、三線の音のすぐ後、その音に隠れるように息継ぎを目指すべきである。

五線譜：工工四対照表

<u>本調子</u>

二揚げ

- ■工工四はタブラチュア譜（奏法譜）であり、音高を明示する譜線譜ではない。
- ■「一揚げ」は「四」（F、中弦の開放弦の音）より上、本調子と同じ構成音を持っているが、指使いはⅡ位を基本とする。「合」の音はEになる。
- ■指使いは0＝開放弦、1＝人差し指、2＝中指、4＝小指（薬指は使わない）

第4章　曲目解説の概略

　初段の5曲はいわゆる「御前風五曲」という題で知られており、祝儀の場で組曲（一鎖）としてたびたび合唱される。真ん中（3番目）の曲は本来「長伊平屋節」（十二段）だったが、「長伊平屋節」の演奏時間は比較的長く、遅いテンポで演奏されるので、現在の一般演奏形式である大合唱による演奏に不向きである。従って、現在、そのかわりに、短い曲である「辺野喜節」が一般的に演奏されている。上巻節の中で最も頻繁に演奏されている曲であり、初心者が早い段階で習得する曲である。

　二～六段は上巻節（「羽節」、「端節」、「葉節」）を中心に構成されているが、五段は「昔節」のチラシ、六段は主に「大昔節」のチラシで構成されている。六段の5番目の曲は本来「本花風節」（「十七八節」のチラシ）であるべきだが、「本花風節」は「かぎゃで風節」から派生した一連の曲（「花風」系曲など）と1組になっているので、次の七段で取り扱うことにした。

　七段は「花風」系曲と「稲まづん節」という「御前風」関連曲で構成されている。各曲の旋律進行は基本的に同じであり、「かぎゃで風節」とともに同系曲である。

　八段は「こはでさ」系4曲、九段は主に「世栄一鎖」の1組4曲で構成されている。

　十段と十一段は古典音楽の最も重要なレパートリーである「昔節」で構成されている。現在「昔節」と呼ばれる曲は10曲あり、「前の五節」と「後の五節」に分かれている。この10曲は『欽定工工四』

の中巻の最初に集録されており、琉球古典音楽の中心をなす曲である。「前の五節」(十段)は「昔節」、「後の五節」(十一段)は「大昔節」と一般的に分類されているが、最も古い琉歌集である『琉歌百控』が発行された1800年頃は、「昔節」や「古節」という分類は必ずしもこの10曲に限定されたものではなかったようである。ただ、1778年に書かれた阿嘉親雲上直識の遺言書に「琉球三味線は、首里の聞覚と申人より、昔ふし、ぢゃんなふし、首里ふし、作田ふし、茶屋ふし、しょどんふし、暁ふし、長ぢゃんなふし、はべるふし、長中ふし、十七八ふし、不残伝授いたし置き候」という記述があり、「昔節」はすでにその時期に現在と同じ意味で使われていたことが分かる。

　この10曲の作曲者の正体は知られておらず、その成立年代さえ不明である。しかし、非常に洗練された音楽であり、民謡のように自然発生的に成立した音楽ではなく、綿密に「作曲」された曲であるので、最近まで考えられていたように、レパートリーのなかで最も古い層に属するということはあり得ず、むしろ最も新しい曲であると考えるべきであろう。

　現在の歌三線の基礎を築いた野村安趙や安冨祖正元が活躍した19世紀前半には、「昔節」の成立史に関す記憶や記録はすでに消えていたが、おそらく組踊りの創立者であった玉城朝薫が活躍した18世紀以前の曲であると思われる。朝薫以降の成立であれば、作曲者名が記録され、現在まで伝わっているはずである。しかし、作曲者名や曲の成立史について何も知られていないので、成立年代は文学史における琉歌の成立期であった16〜17世紀頃ではないかと推測できる。

　十二段は『琉歌百控』で「古節」または「昔節」と分類されている5曲で構成されている。現在の分類法では「昔節」とされている曲ではないが、曲の規模や様式から考えると、現在の分類の「昔節」と「端節」の中間に位置される曲であり、「準昔節」と呼ぶに相応しい。

　十三段は本調子の独唱曲を中心に構成されており、十四段の曲は比較的に演奏機会の少ない本調子曲である。

　十五段は「柳節」と、その関連ある2曲、それと古典音楽における移調曲の典型を示すための2曲でできている。

　十六段と十七段は最も頻繁に演奏される短い二揚げ独唱曲と合唱曲で構成されている。

　十八段は仲風系曲でできており、それに続く十九段は「述懐節」と「東江節」で構成されている。

　二十段は八重山古典民謡から琉球古典音楽に組み込まれた数曲という構成である。

　付録(1)は今回声楽の旋律の復元を試みた3曲を中心に構成されており、この3曲は本来『欽定工工四』に集録されていたが、その後、沖縄で演奏されなくなり、廃曲になった曲である。最後に、参考のために一揚げ調という珍しい調弦のもう1つの例として、早い時期に中国から伝来したと

思われる「打花鼓」の譜を付け足した。

　付録(2)は琉球古典音楽のなかの唯一の歌を伴わない器楽曲である。この五曲は『欽定工工四』に集録されておらず、最も古い譜は明治25年に発行された松村真信著『国風絲楽三味線譜』である。本来、琉球箏曲のレパートリーであるが、現在三線で演奏されることもあり、特に最初の「瀧落菅撹」は沖縄を代表する曲である。

琉楽百控

初　段：かぎやで風節、恩納節、辺野喜節、中城はんた前節、こてい節
二　段：謝敷節、平敷節、白瀬走川節、くにや節、坂本節
三　段：揚作田節、中作田節、ごえん節、港原節、湊くり節
四　段：出砂節、本散山節、本田名節、昔田名節、大田名節
五　段：早作田節、大兼久節、仲順節、芋の葉節、瓦屋節
六　段：すき節、あがさ節、伊集早作田、清屋節、松本節
七　段：本花風節、花風節、赤田花風節（Ⅰ,Ⅱ）、稲まづん節
八　段：赤さこはでさ節、踊こはでさ節、宮城こはでさ節、屋慶名こはでさ節
九　段：伊江節、世栄節、垣花節、揚沈仁屋久節、本嘉手久節
十　段：作田節、ぢゃんな節、首里節、しょどん節、暁節
十一段：茶屋節、昔蝶節、長ぢゃんな節、仲節、十七八節
十二段：伊野波節、長伊平屋節、本伊平屋節、昔嘉手久節、真福地のはいちやう節
十三段：仲村渠節、仲間節、金武節、通水節、つなぎ節
十四段：本部長節、石ん根の道節、永良部節、東細節、比屋定節
十五段：柳節、天川節、ちるれん節、高祢久節、揚高祢久節
十六段：干瀬節、子持節、散山節、よしやいなう節、屋慶名節、百名節
十七段：七尺節、揚七尺節、白鳥節、浮島節、立雲節、さあさあ節
十八段：仲風節（本調子、本調子下出し、二揚げ、二揚げ下出し）、赤田風節、今風節
十九段：述懐節（本調子、本調子下出し、二揚げ、二揚げ下出し）、
　　　　東江節（本調子、二揚げ、アーキー）
二十段：小浜節、石之屏風節、夜雨節、古見之浦節、揚古見之浦節（Ⅰ）、東里節
付録（1）：赤馬節、タラクジ節、揚古見之浦節（Ⅱ）、打花鼓
付録（2）：菅攪五曲（瀧落菅攪、地菅攪、江戸菅攪、拍子菅攪、佐武也菅攪）

初段

かぎゃで風節

恩納節

辺野喜節

中城はんた前節

こてい節

かぎゃで風節（かじゃでぃふう節）

(全521) けふのほこらしややなをにぎやなたてるつぼでをる花の露きやたごと

(百296) 今日の誇らしやゝ猶にきやな立る莟てをるはなの露ちやとこと

　(訳) 今日の嬉しさは何にたとえようか。莟んでいる花が露に会ったようだ。

　(野) きゆぬふくらしゃや／なうぅにじゃなたてぃる／／つぃぶでぃうぅるはなぬ／つぃゆちゃたぐとぅヨンナ｜ハリつぃぶでぃうぅるはなぬ／つぃぶでぃうぅるはなぬ／つぃゆちゃたぐとぅヨンナ

　(口) Kiyu nu fukurasha ya / Nawu ni jana tatiru // Tsibudi wuru hana nu / Tsiyu chata gutu *yo nna* | *hari* Tsibudi wuru hana nu / Tsibudi wuru hana nu / Tsiyu chata gutu *yo nna*

　(英) To what may the happiness of this day be compared? To a budding flower on which dew has come to rest.

　「かぎやで風節」は琉球古典音楽のレパートリーのなかで、最も有名な曲であり、沖縄を代表する曲として、祝儀の席では必ず最初に演唱される曲である。タイトルの「かぎやでふう」（「かじゃでぃふう」と発音する）の意味について今まで色々な説が提供されているが、どれも説得力がない。「鍛冶屋」との関連があるという俗説は明らかに根拠がなく、「かじゃ」という発音は「かぎゃ」の口蓋化現象で生まれる発音であり、言語学の観点から言えば「かじや」との関係はない。敢えて言うならば、「かぎゃ」は恐らくおもろ語である「かが」（輝）との関連がありそうで、「で風」は「手振り」のことではないだろうか。「国風」（または「国振り」）と書いて「くにぶり」と訓む語は地方の俗謡や民謡を指す語であり、「国風歌舞」（くにぶりのうたまい）は日本の古代、外来楽舞伝来以前から各地で行われてきた歌舞のことである。「花風」、「仲風」、「今風」などの沖縄の曲名があるので、この「風」は「ふり」を語源にし、音楽または歌舞のことを指す可能性がある。従って、「かぎやで風」は「輝く手振り」のことになるが、これは仮説にすぎず、結局未詳語と考えるべきであろう。ただ、「風」と「国風」（くにぶり）の「ふり」という古代語との関係は十分考えられるので、「風」は「歌」と解釈しても無理はないと思われる。

　「かぎやで風節」は「御前風」系の歌持ちで始まる。旋律は偶数拍子の6拍子が基本であり、旋律の平行進行はほとんど6拍子を単位とする。骨格において上二の15拍（*11/3~14/1*）は上一の*5/2*から*8/1*までの旋律と同じであり（三線は同じ、歌は変形）、この反復部分は両句の旋律の約半分を占めている（上一は29拍、上二は33拍）。旋律の六拍子単位を基本とする動機反復は他にもある（*19~21、29~30*）。句内の形式反復はないが、動機反復はこの曲の特徴の1つでもある。「かぎやで風節」の形式分類はII：2であるので、一部反復を取り入れた通作型の下句反復型である。この形式の曲の中でも特異な存在であり、下句はすぐ反復されるのではなく、まず下一は新しい旋律素材でもう1回呈示されてから（*26~33*）、全下句が反復される。全体的形式は上一・上二・下一・下二／下一／下一・下二である。「かぎやで風節」は一連の曲（「本花風節」、「花風節」、「赤

田花風節」)の原型でもある。『屋嘉比工工四』では「かぎやで風節」は「御前風節」、「稲まづん節」は「昔御前風節」という別名で表記されており、両曲の旋律進行の輪郭はほとんど同じなので、「稲まづん節」は「かぎやで風節」の母体であると考えられる。

恩納節（うんなぶし）

(全31) 恩納松下に禁止の牌の立ちゆす恋忍ぶまでの禁止やないさめ

(百96) 恩納松下に禁止(キチ)の牌(ハイ)の立ちゆす恋忍ふまてのきせやなひさめ

- (訳) 恩納の松の下に禁止事項を書き並べた立て札があるが、恋をすることまで禁止しているわけではないだろう。
- (野) うんなまつぃしたにヤリヤリヨ/ちぢぬふぇぬたちゅすぃスヤスヤ//くぅぃしぬぶまでぃぬヤリヤリヨ/ちじやねさみスヤスヤ
- (ロ) Unna matsi shita ni *yari yari yo* / Chiji nu fe nu tachusi *suya suya* // Kuwi shinubu madi nu *yari yari yo* / Chiji ya nesami *suya suya*
- (英) A prohibition notice stands beneath the pine tree [by the guardhouse at] Onna. Surely proscriptions will not now extend to love.

『屋嘉比工工四』では「恩納節」の歌持ちは「御前風型」であるが、『欽定工工四』以来、そのかわりに現在の歌持ちが使われている。ただ、この歌持ちは「御前風型」の変形型であり、両歌持ちの原型は同じである。「御前風型」の歌持ちは8拍で、8拍単位で反復されるのに対して、「恩納節」の歌持ちは6拍の長さで、最初の4拍だけが反復されるが、旋律進行において6拍目だけが「御前風型」の歌持ちと異なり、その他の5拍は同じである。

「恩納節」の形式は上下句反復型であるが、下二の旋律には8拍の短縮がある。歌が終わったら譜のとおりではなく、歌持ちを1回弾いてから曲を終わらせるのが普通の演奏法である（*33→1~3/1*）。

長恩納節（ながうんなぶし）

一番同上

二番：

（全47）七重八重立てるませ垣の花も匂い移すまでの禁止やないさめ

（訳）七重八重の籬（まがき）に囲まれた花でも、匂いを移すことまで禁止することはないだろう。

（野）なないぃやいぃたてぃるヤリヤリヨ／ましうちぬはなん／／にうぃうつぃすぃまでぃぬヤリヤリヨ／ちじやねさみスヤスヤ

（口）Nanai yai tatiru *yari yari yo* / Mashiuchi nu hana n // Niwi utsisi madi nu *yari yari yo* / Chiji ya nesami *suya suya*

三番：

（全34）あはぬ徒らに戻る道すがら恩納岳見れば白雲のかかる恋しさやつめて見ぼしやばかり

（訳）逢えずに戻る道すがら恩納岳を見ると白雲がかかっている。恋しい気持ちがつのり、逢いたいと思うばかりである。

（野）あわんいたずぃらにヤリヤリヨ／むどぅるみちすぃがら／／うんなだきみりばヤリヤリヨ／しらくむぬかかる／／くいしさやつぃみてぃヤリヤリヨ／みぶしゃばかいぃスヤスヤ

（口）Awan itazira ni *yari yari yo* / Muduru michisigara // Unnadaki miriba *yari yari yo* / Shirakumu nu kakaru // Kuishisa ya tsimiti *yari yari yo* / Mibusha bakai *suya suya*

（英）（1）A prohibition notice stands beneath the pine tree [by the guardhouse at] Onna. Surely proscriptions will not now extend to love. （2）Surely a proscription will not now extend to a flower that conveys its fragrance outside the many-layered bamboo fence [within which it is secluded]. （3）Wending my way home after a failed tryst, I gaze up at Mount Onna and the peak is shrouded in clouds. Feelings of love swell up in my heart and I long to see you.

恩納節と同じ曲節の「長恩納節」は古典女踊りの「伊野波節」の入羽の踊りの伴奏に使われる。「長恩納節」は3番でできており、3番目の句は長歌形式（8/8//8/8//8/6）である。上句の囃子詞（スヤスヤ）が省略され、*17/3*で歌が止まり、*17/4*の三線パートは八分音符C、E（合、老〈打音〉）に替わり、*3*からまた繰り返す仕組みになっている。3番の長歌の場合、同じように上句を2回歌ったら（8/8//8/8）、下句を歌う（8/6）。全体的な形式は（上・下／上・下／上・上・下）になる。

因に、川平親雲上朝彬編『俗風工工四』には「揚恩納節」という曲が集録されており、本調子原曲の二揚げ（本調子より5度上）への正確の移調である。この曲は現在演奏されていない。

辺野喜節 (びぬちぶし)

(全118) 伊集の木の花やあんきよらさ咲きゆりわぬも伊集のごと真白咲かな
(百101) 伊集の木の花やあか清さ咲ひ予ん伊集成て真白咲な
　(訳) 伊集 (姫椿) の木の花はあんなに咲いている。私も伊集の花のように真っ白に咲きたい。
　(野) んじゅぬきぬはなやヒヤルガ／あんちゅらささちゅい／／わぬんんじゅやとぅてぃヒヤルガ／ましらさかなヨンナ
　(口) Nju nu ki nu hana ya *hiyaruga* / An churasa sachui // Wanun nju yatuti *hiyaruga* / Mashira sakana *yo nna*
　(英) How beautiful are the blossoms of the iju tree! How I wish I too could bloom in the same pure whiteness.

「辺野喜節」は単純な構造の上下句反復型になっており、両句は全く同じである。下二の最後に囃子詞(「ヨンナ」)を入れることで6音句の字足らずを補う。E(老、六)の音は全曲を通して三線のパートに現れないので、Ibの音階が優勢である。曲は3つの楽節でできており、上一と下一は5音と3音に分かれた2つの小楽節、上二と下二は1つの楽節でできている。上一と上二、下一と下二の間に囃子詞が入り、句構造をはっきりさせる効果がある。

中城はんた前節 (なかぐすぃくはんためー節)

(全63) 飛び立ちゆるはべるまづよまてつれら我身や花の本知らぬあもの
　(訳) 飛び立つ蝶よちょっと待ってくれ。私は花のあるところがわからないから、連れて行ってくれ。
　(野) とぅびたちゅるはびる／まずぃゆまてぃつぃいりら／／スリはなぬむとぅわんや／しらんあむぬ
　(口) Tubi-tachuru habiru / Mazi yu mati tsirira // *suri* Hana nu mutu wan ya / Shiran amunu
　(英) Oh butterfly on the wing, stay a moment and take me with you, for I know not where the blossoms may be found.

「中城はんた前節」には明白な反復部分はないが、下二(*6~11/2*)は上二(*18~21*)の変形型であり、下二には上二にある4拍(*9*)がない。上一と上二は各々1つの長めの楽節でできており、下一だけが2つの小楽節に分かれている。囃子詞が少なく、下二の冒頭(「スリ」)に見られるだけである。

こてい節（くてぃぶし）

(全76) ときはなる松の変わることないさめいつも春くれば色どまさる

(訳) 常磐なる松が変わるということはない。春が訪れてくるたびにその色が増すばかりである。

(野) とぅちわなるまつぃぬイヤイヤワンゾガヨ／かわるくとぅねさみイヤイヤワンゾガヨ／／いつぃんはるヒヤマタくりばアヌシュラヨ／いるどぅまさるフイィウリサミニャウリサミシュラジャンナヨハイヤウリサミシュラヨフイィ

(ロ) Tuchiwa naru matsi nu *iya iya wa nzo ga yo* / Kawaru kutu nesami *iya iya wa nzo ga yo* // Itsi n haru *hiya mata* kuriba *anu shura yo* / Iru du masaru *fui urisami nya urisami shura janna yo haiya urisami shura yo fui*

(英) Never will the evergreen pine change. Its colours grow more radiant each year with the advent of spring.

「こてい節」(「特牛節」という表記も)は「かぎやで風節」とともに沖縄の代表的な祝儀曲であり、構造、形式や旋律進行において「真福地のはいちょう節」と酷似している。舞踊曲として使われており、若衆踊りの「若衆こてい節」と女踊りの「女こてい節」の2種がある。歌持ちは『屋嘉比工工四』では「御前風型」であるが、『欽定工工四』では現在使われている歌持ちになっている。現行の歌持ちは歌の最初の楽節 (9/3~11/1) に基づいている。若衆踊りのとき、「こてい節」にしか使われない出羽入羽の手事 (羽踊手事) が曲の前と後で演奏される (角括弧のなかに表示)。この手事の音階は1dであり、曲自体の音階と異なる。

構造的には、昔節に多い上一上二反復型であるが、上二は上一の正確な反復ではなく、最初の6拍が異なる。それは上一はC(工)を、上二はF(四)を中心に始まるからである。下句は独特な展開を示しており、上句と全く別の素材が導入される。また囃子詞が非常に多いという特徴がある (上一、上二、下一は9音ずつ、下二は29音。歌詞の30音に対し56音)。下一と下二は同じように始まるが (*41*、*54*)、16拍のあと旋律は分岐する。曲の最後の48拍は囃子詞で占められており、変拍子が多い展開になる。

二 段

謝敷節

平敷節

こにや節

坂本節

謝敷節（じゃじちぶし）

- （全96）謝敷板干瀬にうちやり引く波の謝敷めやらべの目笑ひ歯茎
- （百97）謝敷板干瀬(ヒシ)に打へ引波の謝敷宮童の目笑齗き(ハグキ)
  - （訳）謝敷の板干瀬に寄せ引く波が白く砕けるさまは、謝敷乙女の笑顔にこぼれる真っ白い歯の美しさのようである。
  - （野）じゃじちいたびしに／うちゃいふぃくなみぬエウネ／／じゃじちみやらびぬナ／みわれはぐちウネエイシュラヨ
  - （口）Jajichi itabishi ni / Uchai-fiku nami nu *e une* // Jajichi miyarabi nu *na* / Miware haguchi *une ei shura yo*
  - （英）The waves lapping against the rocks paving the shallows on the shore at Jajichi evoke the gleaming smiles of the village girls.

「謝敷節」は上句と下句にはっきり分かれているが、上一と上二は分かれておらず、最初の楽節は上二3まで歌われる。下一は上一と同じように始まるが、音形短縮があり、上一の4拍（*4/3〜5/2*）は下一のなかで省略されている。

平敷節（ふぃしちぶし）

- （全1041）源河走川(げんかはりかわ)や潮か湯か水か源河めやらべたがおすでどころ
- （百99）源河泲川(ハイ)や潮か湯か水か源河宮童の御浴(ステ)とくる
  - （訳）源河走川の清らかな水は潮水だろうか淡水だろうか。源河乙女たちの水浴びところである。
  - （野）じんかはいぃかわや／うしゅかゆかみずぃか／／じんかみやらびたがナクヌ｜みやらびたがナスリ／うすぃでぃどぅくるサユイサチユタシャントゥシ
  - （口）Jinka haikawa ya / Ushu ka yu ka mizi ka // Jinka miyarabita ga *nakunu* | miyarabita ga *nasuri* / Usidi-dukuru *sa yui sachi yuta shantushi*
  - （英）Is the flowing stream at Genka sea water or fresh water? Here is where the girls of Genka bathe.

「平敷節」の重要な特徴は上句と下句との不均衡な関係である。上句は*12/2*で終わり、下一4〜8（「みやらびたが」）の歌詞が繰り返される（*14/2〜17/4、18/2〜21/3*）。この構造はこの曲の特異なものである。しかも、反復音形は5度上に始まり、4拍ほど同じ音形である。反復楽節だけが高い音（工）で終わり、その他の楽節はすべて低い音（合）で終わるので、この反復楽節は歌に変化を与えるとともに、曲の山場でもある。

白瀬走川節（しらしはいかーぶし）

(全207) 白瀬走川に流れゆる桜すくて思里にぬきやりはけら
(百165) 白瀬濟川に流よる桜抔て思里に貫いはけら
- (訳) 白瀬川に流れている桜花をすくって、花輪を作って恋人の首にかけてあげよう。
- (野) しらしヨはいかわにハリ／ながりヨゆるさくらハリヒヤルガヒ／／すぃくてぃうみさとぅにハリ／ぬちゃいヨはきらハリヒヤルガヒ
- (口) Shirashi *yo* haikawa ni *hari* / Nagari-*yo*-yuru sakura *hari hiyaruga hi* // Sikuti umisatu ni *hari* / Nuchai *yo* hakira *hari hiyaruga hi*
- (英) I long to scoop up the cherry blossoms that stream down Shirase River and thread them into a garland to place around the neck of my beloved.

　「白瀬走川節」は小曲でありながら、複雑な構造を呈している。基本的には上一、上二、下一反復型であるが、反復は各句の頭からではなく、途中から行われる。最初の反復は上二4（*13/2*）から行われ、上一4（*5/2*）に戻り、囃子詞のあと、下句は頭（*3*）に戻る。下二の6音は9拍（*15/1〜17/1*）を省略することによって処理される。その後、下句の囃子詞は上句のものと同じである（*18/3*、*35/3*以降）。

　女踊り「本貫花」では、「金武節」（出羽）と「白瀬走川節」（中踊）が使われている。

こにゃ節（くにゃぶし）

(全218) 久仁屋のほそなべがなどはたかなちゅて脇文子親部とちや添ひそはまひ
(百155) 久仁屋のふそなへかなどはたかなちゅて脇文子親部とちや添へ吸はまへ
- (訳) 久仁屋村の細鍋は鷹のようになって、脇文子さまにいつも添いに添っている。見苦しいことだ。
- (野) くにゃぬふすなびが／などぅわたかなちゅてぃ／／わちてぃくぐヨうぇびとぅヨ／ちゃすいすわめサユヨンナ
- (口) Kunya nu fusu Nabi ga / Nadu wa taka nachuti // Wachi-tikugu *yo* webitu *yo* / Cha sui suwame *sayu yo nna*
- (英) As restless as a falcon, Nabi, the slender beauty from Kunya, is constantly at the side of the junior village administrator.

　「くにや節」は通作型の曲であるので、構造的な反復はない。基本的には一句一楽節という構造になっており、上下句はそれぞれ44拍の長さであり、バランスが取れている。下二だけが長

めで、フレーズは途中で囃子詞（ヨ）で切られる。F（四）からC（合）に下行する音形が5回現れ（最初は*8/2~3*）、この曲の特徴的音形である。この音形は核音から副核音の進行であるが、最後の小楽節での囃子詞では、副核音から核音への下降進行に替わり（*27/2*）、完全終止のような効果がある。

　「くにや節」は「辺野喜節」と同様、「長伊平屋節」の代わりに、「御前風五曲」の真ん中の曲として演奏することがある。

坂本節（さかむとぅぶし）

(全402) 坂本のいべやだんぢよ豊まれるよよぎよらが一本こばの三本
(百151) 坂本のいへやたんちゆ豊まれるよゝ清らか一本莆の三本
_{クバ}　_{ミムト}

(訳) 坂本の威部（いべ、拝所）が評判の高いのはもっともだ。美しいマーニ（黒つぐ）が一本、こばが三本生えている。

(野) さかむとぅぬいびやヨウネクネ/だんじゅとぅゆまりるヨウネクネ//ゆゆじゅらがちゅむとぅヨウネクネ/くばぬみむとぅサユヨンナ

(ロ) Sakamutu nu ibi ya *yo une kune* / Danju tuyumariru *yo une kune* // Yuyujura ga chumutu *yo une kune* / Kuba nu mimutu *sayu yo nna*

(英) The sacred precinct at Sakamoto merits its renown, with its beautiful lone arenga palm (*kurotsugu*) and its three fountain palm (*kuba*) trees.

「坂本節」は「白瀬走川節」と似た構造をもっており、上一、上二、下一反復型であるが、6音目から繰り返される。下二（「くばぬ」）は前の3句と同じように反復されるところで、8拍目で別の方向に向く。この曲について特に注目すべきことは、最初の26拍は「辺野喜節」と全く同じである。「坂本節」ではこの共通部分は1回だけ呈示され、その後、反復されない。

三 段

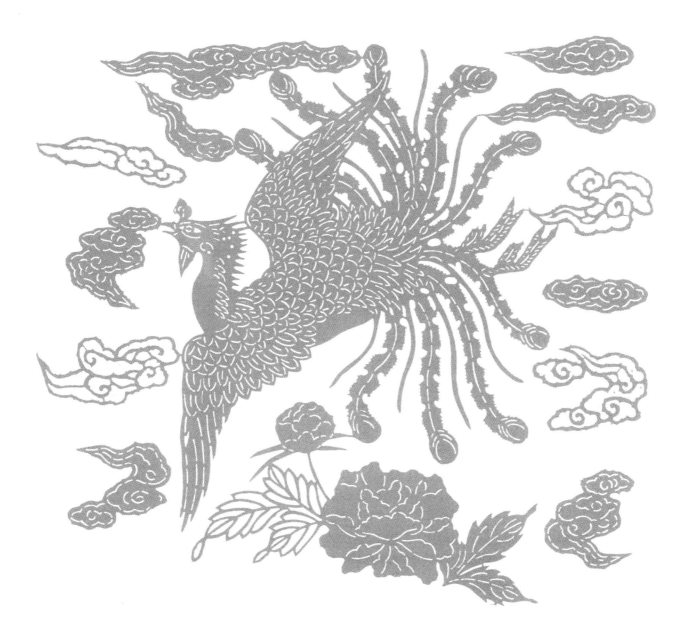

揚作田節

中作田節

ごえん節

港原節

湊くり節

揚作田節（あぎちくてんぶし、あぎつぃくてんぶし）

(全161) 豊なる御代のしるしあらはれて雨露の恵み時もたがぬ
 (訳) 豊な御代のしるしがあらわれて、雨や露の恵みは時を違うことがない。
 (野) ゆたかなるみゆぬ／しるしあらわりてぃ／／あみつぃゆぬみぐみ／とぅちんたがん
 (口) Yutaka naru miyu nu / Shirushi arawariti // Ami tsiyu nu migumi / Tuchi n tagan
 (英) The portents of a rich harvest are revealed. Rain and dew bestow their blessings irrespective of the season.

　「揚作田節」は「作田節」という題の一連の曲のひとつである。全部で5曲の「作田節」系曲があり、「揚作田節」の他には「作田節」、「早作田節」、「伊集早作田節」と「中作田節」である。「揚」という場合、一般的に原曲の本調子から二揚げへ移調した同曲を指すことが多いが、「揚作田節」は「作田節」をそのまま移調したバージョンではない。「作田節」は1aの音階であり、「揚作田節」は1cの音階であるので、4度「揚げた」ということになる。では、どの曲を「揚げた」かというと、「作田節」の音価を部分的に半分にすると、その骨格が姿を現す。まず、「揚作田節」の歌持ちは「作田節」の最初の10拍と似ており、両曲の「ド」と「シ」の拍節は同じである。

　「揚作田節」の最初の楽節は全曲を支配するものであり、それが「作田節」の最初の楽節とその輪郭において全く同じ旋律進行である。ということは、「揚作田節」の旋律は「作田節」の最初の楽節に基づいた拡張編曲であると言える。

　「作田節」には長い前奏があるのに対して、「揚作田節」には長い後奏があるが、それは逆さまの鏡像形のようなものであると考えて良いだろう。両曲のこの三線独奏部分には共通点はなくはないが、この2つの器楽部分を明らかにつなぐ旋律要素はない。

　「揚作田節」の構造は極めて単純であり、一句一楽節の構造になっている。各楽節の間にそれぞれ7-13-7拍の間隔がある。下一は上一の変形であり、下二は最も短い楽節であり、下のオクターヴで歌を終わらせる。下句を反復するという演奏法もある。「揚作田節」は「早作田節」と同じ全体的構造であるが、一部の旋律進行以外（特に3/4〜4、18/6〜19）、「早作田節」を4度上移調したバージョンであるとは言えない。

中作田節（ちゅうちくてんぶし、ちゅうつぃくてんぶし）

(古1398) 月夜やつきよともて明る夜やしらぬ童へうてまくらにや夜やあかち
 (百6*) 月夜や月夜ともて明る夜や知ぬ童腕枕らにや打ちふりて
 (訳) 月夜は月夜とばかり思って、夜の明けるのも知らないで、彼女の腕を枕にして夜を明かしてしまった。

(野) つぃちゅやつぃちとぅむてぃツォンツォン/あきるゆやしらんツォンツォン//みゃらびうでぃまくらハイィツォン/なゆやあかちツォンヤヨハイィツォンツォ

(口) Tsichuya tsichi tumuti *tson tson* / Akiru yu ya shiran *tson tson* // Myarabi udimakura *hai tson* / Nayu ya akachi *tson ya yo hai tson tso*

(英) Captivated by the moonlit night and immune to the break of day, I spend the night with my girl's sleeve as my pillow.

「揚作田節」と同様、「中作田節」と「作田節」との関係は一目瞭然ではないが、「作田節」系曲の特徴のひとつである長い器楽部分（前奏、中奏、後奏）は「中作田節」にもあり（17拍）、「中」と冠する曲はほかにはないので、「中」はおそらくこの器楽部分が「中奏」であるという意味であろう。ということであれば、この器楽部分は重要視されており、その原点は「作田節」の前奏にあると考えて良い。歌持ちの輪郭は「作田節」の前奏の3～5との関係がありそうだが、中奏も「作田節」の前奏の後半と類似した進行がかすかに見える。この中奏は「作田節」の前奏と同じ1a音階に基づいている。

「中作田節」の形式は上一、上二、下一反復型であるが、上一は1オクターヴ低く歌い出すという特徴がある。上一、上二と下二は二つの楽節でできており、下二は新しい旋律素材を取り入れることで曲の最後を派手に飾る。この曲の際立った特徴は声と三線の1オクターヴの差である。昔節の場合、歌は部分的に三線の1オクターヴ下という特徴があるが、反対に三線が下で、歌は1オクターヴ上という曲は「中作田節」のほかにはない。

ごえん節 (ぐいんぶし)

(全451) 御縁あて弟ぎやいきやて嬉しさやうちはれて遊べわぬも遊ば

(訳) 兄弟の縁があって会うことできたのは嬉しい。思う存分遊んでくれ、私もそうするから。

(野) ぐいぃんあてぃうとぅじゃシュラヨ/いちゃてぃうりしさやヒヤウミシュラジャンナヨ//うちはりてぃあすぃびシュラヨ/わぬんあすぃあすぃばヒヤウミシュラジャンナヨ

(口) Guwin ati utuja *shura yo* / Ichati urishisa ya *hiya umi shura janna yo* // Uchihariti asibi *shura yo* / Wanun（asi-）asiba *hiya umi shura janna yo*

(英) How fortunate that we brothers and sisters can meet. Let us celebrate; I too shall join in.

「ごえん節」（または「御縁節」）は単純な上下句反復型の曲であり、下二の2音繰り返し（「あすぃあすぃ」）で、下句は上句の正確な反復になっている。音階は典型的な1a/b型である。

港原節（んなとぅはらぶし）

(全308) 打ち鳴らし鳴らし四つ竹は鳴らちけふやお座出ぢて遊ぶ嬉しや

(百385) 打ち鳴らし鳴らし四つ竹は鳴らち今日や御座出て遊ふ嬉しや

(訳) 四つ竹を打ち鳴らして、今日はお座敷に出て、踊って遊ぶのが嬉しい。

(野) うちならしヨならしヒヤルガヒ／ゆついだきわヨならちヨシュラジャンナヨ／／きゆやうざヨんじてぃヒヤルガヒ／あすぃぶうりヨうりしゃヨシュラジャンナヨ

(口) Uchi-narashi *yo* narashi *hiyarugahi* / Yutsidaki wa *yo* narachi *yo shura janna yo* // Kiyu ya uza *yo* njiti *hiyarugahi* / Asibu (uri-) *yo* urisha *yo shura janna yo*

(英) Sound them, sound them, let the yotsudake bamboo clappers sound! How joyous to dance at today's banquet!

「港原節」も単純な上下句反復型の曲であり、下二の2音繰り返し（「うりヨうり」）で、下句は上句の正確な反復になっている。4拍子と6拍子の交替で旋律に変化を与えている。

湊くり節（んなとぅくいぶし）

(全799) 笠に音たてて降たる夏ぐれもなまやうちはれててだど照ゆる

(百311) 笠に音立て降たる夏雨や今や打晴て日と照る

(訳) 笠に音を立て降っていた夏雨は、今は晴れ上がって、太陽が照り輝いている。

(野) かさにうとぅたてぃてぃ／ふたるなつぃぐりん／／なまやうちはりてぃ／てぃだどぅてぃゆるヨンナ｜なまやうちはりてぃ／なまやうちはりてぃ／てぃだどぅてぃゆるヨンナ

(口) Kasa ni utu tatiti / Futaru natsiguri n // Nama ya uchihariti / Tida du tiyuru *yo nna* | Nama ya uchihariti / Nama ya uchihariti / Tida du tiyuru *yo nna*

(英) The summer rain falls noisily on my bamboo hat. But the sky is now clear and the sun is shining.

「湊くり節」は短い曲ではあるが、特異な形式になっている。歌詞の反復法は「かぎやで風節」と同じく上一・上二・下一・下二／下一／下一・下二であるが、曲の反復はそれと違い、下一の最初の反復は本来の上二のところから始まり(8)、その後1回目と同じ進行になる。「湊くり節」は笠踊りの舞踊曲としてよく使われる曲である。

四段

出砂節

本散山節

本田名節

昔田名節

大田名節

出砂節（いでぃすぃなぶし）

(全1050) 出砂(いですな)のいべや泉抱きもたえる思子(おめぐゎ)抱きもたえるとのち里之子

- (訳) 出砂の拝所(いび)は泉を抱いて栄えている。渡名喜里之子は愛し子を抱いて栄えている。
- (野) ンゾヨいでぃすぃなぬいびやアシタリヌヨ／いずみだちむてるンゾヨ／／うみぐゎだちむてるアシタリヌヨ／とぅぬちさとぅぬしヨウネカサムチミヤラビチュラサヌヨ
- (口) *nzo yo* Idisina nu ibi ya *ashitari nu yo* / Izumi dachi-muteru *nzo yo* // Umigwa dachi-muteru *ashitari nu yo* / Tunuchi satunushi *yo une kasamuchi miyarabi churasa nu yo*
- (英) The sacred precinct of Idesuna flourishes because of its spring. The lord of Tonaki flourishes because of his children.

「出砂節」は上下句反復型の曲であり、上一と下一の前後に囃子詞が置いてある。2番目の囃子詞（*14~15/2*）の旋律は6小節前（*8*）の6拍音形と同じであり、この曲の特徴的音形である。上下両句は歌詞ではなく、2回も別の囃子詞で始まる曲は他にはない。下二の歌詞の「とぅぬちさとぅぬし」は（「渡名喜里主」の訛音）は琉歌の一般形式の6音ではなく、7音という変則型になっているので、この1字足らずの句を囃子詞の「ヨ」で補っている。囃子詞はそれという意味がないものが多いが、「出砂節」の締めくくりの囃子詞は「笠持ちみやらび（乙女）清らさ（きれい）ぬよ（だよ）」という有意味のものになっている。

本散山節（むとぅさんやまぶし）

(全1159) 近(ちか)さたるがけて油断どもするな梅の葉や花の匂や知らぬ

- (訳) 近いのをあてにして、油断してはならない。梅の葉は（同じ梅の木に咲く）花の匂いは知らないものだ。
- (野) ちかさたるがきてぃサヤリ／ゆだんどぅんすぃるなヨ／／んみぬふぁやはなぬサヤリ／にうぃやしらんササユヨンナ
- (口) Chikasa tarugakiti *sa yari* / Yudan dun siru na *yo* // Mmi nu fa ya hana nu *sa yari* / Niwi ya shiran *sa sayu yo nna*
- (英) Trusting in proximity, never relax your vigilance! The leaves of the plum tree are unaware of the fragrance of its blossoms.

「本散山節」は上下句反復型の曲であり、「御前風」歌持ちで曲が始まる。特徴的な音形は*10~12/2*に現れ、それが2拍短縮され、*13~14/2*にも現れる。「散山節」という代表的な二揚げの独唱曲の原曲である。上下句内の1と2は囃子詞の「サヤリ」で分かれており、歌詞の4句構造を際立たせている。

本田名節（むとぅだなぶし）

(全472) すんねくり舟の行きゆる渡海やればけふや行ぎ拝で明日や来ゆすが
- (訳) くり船で渡っていける所だったら、今日は行って会いに、明日は帰ってくるのに。
- (野) ンゾすぃんにくいぃふにぬヨ／いちゅるとぅけやりば／／ウネきゆやんじうぅがでぃヨ／あちゃやちゅすぃがハリヨンナ
- (口) *nzo* Sinni-kuifuni nu *yo* / Ichuru tuke yariba // *une* Kiyu ya nji wugadi *yo* / Acha ya chusiga *hari yo nna*
- (英) Were I able to cross the sea in my dugout, I could go to you today and return tomorrow.

昔田名節（んかしだなぶし）

(全473) 里があかいづ羽御衣すらんともてけふのよかる日にかせよかけら
- (訳) 恋人のために蜻蛉の羽のように美しい着物を織ってみようと思って、今日の吉日にかせ糸をかけよう。
- (野) さとぅがあけずぃばにヨ／んしゅすぃらんとぅむてぃヨウネ／／きゆぬゆかるふぃにヨ／かすぃゆかきら
- (口) Satu ga akezubani *yo* / Nshu siran tumuti *yo une* // Kiyu nu yukaru fi ni *yo* / Kasi yu kakira
- (英) Wishing to weave a beautiful cloak as fine as the wings of a dragonfly for my beloved, I shall reel thread on this auspicious day.

大田名節（うふだなぶし）

(全476) 大田名の嫁やなりぼしゃやあすが石原あざ道のふみのあぐで
(百141) 大田名の嫁やないほしやとあすか石あら朝道の蹈の厭て
- (訳) 大田名の嫁になりたいが、水を汲みにいく道は石ころなので、それがつらい。
- (野) うふだなぬゆみや／ないぶしゃやあすぃがヒヤスリ／／いしゃらあさみちぬ／くみぬあぐでぃヨンゾヨ
- (口) Ufudana nu yumi ya / Naibusha ya asiga *hiya suri* // Ishara asamichi nu / Kumi nu agudi *yo nzo yo*
- (英) As much as I would like to marry a man from Dana village, I would soon tire of trudging along the stony path to draw water.

「田名節」関連の曲は3曲あり、「本田名節」、「昔田名節」と「大田名節」がある。3曲はすべて同

じ曲のバリアントであるが、どれが原曲かは明らかではない。通作型であり、句内反復はないが、動機や音形に反復がある。

　3曲に共通する音形は8拍の*3/5~5/2*（「本田名節」）であり、各曲に2回登場する。各曲は基本素材を拡張したり、短縮したりすることで進行する。「本田名節」と「昔田名節」はほとんど同じ長さであるが、「大田名節」は同じ旋律素材をほぼ半分の長さに短縮した形になっている。

　例えば、「大田名節」の最初の16拍（*3~6/2*）は「本田名節」の最初の30拍（*3~7/2*）の短縮型であり、*6/3*（「大」）と*9/3*（「本」）で同じ音形（8拍）が現れて、その後、「本田名節」の30拍の旋律（*11/3~19/1*）は「大田名節」では3分の1の長さの10拍（*8/3~10/1*）に極端に短縮されており、19拍の両曲にほぼ共通な旋律が続く（「本田名節」では17拍、*19~22/1*）。

　各曲の歌はもちろん異なっているが、基本的な旋律素材は各曲に共通である。この3曲のなか、どれが原曲なのか知る由もないが、「本田名節」と「昔田名節」は同じ長さの変形型の曲であるのに対して、「大田名節」は「本田名節」の縮小版であると言える。

五段

早作田節

大兼久節

仲順節

芋の葉節

瓦屋節

早作田節（はいちくてんぶし、はいつぃくてんぶし）

(全191) 春や花盛り深山鶯の匂しのでほける声のしほらしや
- (訳) 春の花盛りに深山にいる鶯が花の香をしのんで鳴く声が美しい。
- (野) はるやはなざかい／みやまうぐいすぃぬツォンツォン／／にうぃしぬでぃふきる／くいぬしゅらしゃ
- (口) Haru ya hanazakai / Miyama uguisi nu *tson tson* // Niwi shinudi fukiru / Kui nu shurasha
- (英) The cry of the nightingale from deep within the forest is as beautiful as the fragrance of the spring blossoms in full bloom.

　「早作田節」は「作田節」と「揚作田節」と密接な関係があり、形式的に「揚作田節」と同じであるが、旋律素材は「作田節」に由来していると考えるのが妥当である。「作田節」の最初の2つの音の音価を半分にすれば、「早作田節」の歌持ちは「作田節」の前奏の最初の6拍から派生しているようで、最初の楽節 (3～8) は「作田節」の「つぃかん」(40～) と「なびち」(58～) の2楽節と関連がありそうである。従って、「揚作田節」の旋律素材は「作田節」の歌の最初の楽節 (18～21) に基づいているのに対して、「早作田節」の旋律素材は「作田節」のその後の別の旋律素材に基づいているということになる。

　「早作田節」の後奏は「作田節」の前奏から素材を得ており、後奏が始まる2拍前 (28/3) から「作田節」の冒頭の動機が現れる。次の小節 (29) は「作田節」の前奏の 4/3 からの4拍に基づいており、最後の4小節は「作田節」の前奏の 2～4/1 までの短縮である。

　「早作田節」は「作田節」のチラシであり、舞踊曲としてもよく使われる曲である（「作田節」、「稲まづん」、「むんじゅる」など）。

大兼久節（うふがにくぶし）

(全237) 名護の大兼久馬はらちいしやうしや舟はらちいしやうしや我浦泊
(百103) 名護の大兼久馬走り喜悦(イシヤミ)舟走り喜悦(イシヤミ)わ浦泊
- (訳) 名護の大兼久は馬を走らせて楽しい。舟を走らせて楽しいのはわが浦の泊である。
- (野) なぐぬうふがにくスリ／んまはらちいしょしゃ／／ふにはらちいしょしゃスリ／わうらどぅまいヨンナササヨティバヨンナ
- (口) Nagu nu Ufuganiku *suri* / Mma harachi ishosha // Funi harachi ishosha *suri* / Wa ura dumai *yo nna sasa yotiba yo nna*
- (英) What a pleasure to ride on horseback at Ufuganiku in Nago! But nowhere can better our little harbour to enjoy sailing.

「大兼久節」は単純な上下句反復形式（I:1/a）であり、下句の後、囃子詞で締めくくる。歌持ちは「芋の葉節」と同じものである。短い曲なので、上下句の1と2の間に空きがなく、囃子詞（「スリ」）で区切られている。「大兼久節」は昔節の「ぢゃんな節」のチラシになっている。

仲順節 (ちゅんじゅんぶし)

(全317) 別れても互にご縁あてからや糸に貫く花の散りて退きゆめ
- (訳) 別れても互いに縁があるからには、糸に貫いた花が散って去ることがあろうか。
- (野) わかりてぃんたげに／ぐぃんあてぃからやクリンディウミサトゥヨ／／いとぅにぬくはなぬ／ちりてぃぬちゅみクリンディウミサトゥヨ
- (口) Wakariti n tage ni / Guin ati kara ya *kurindi umisatu yo* // Itu ni nuku hana nu / Chiriti nuchumi *kurindi umisatu yo*
- (英) Bound together by fate like the flowers on a garland, the bonds between us will never be severed though we may be far apart.

「仲順節」は上下句反復形式の下句短縮型（I:1/c）であり、下句は4拍ほど短縮されている。長い16拍の歌持ちが特徴であり、拍節はほとんど簡単4拍子である。同じ囃子詞は上下句両句の後に付いている。「仲順節」は「首里節」のチラシになっている。

芋の葉節 (んむぬふぁーぶし)

(全437) 芋の葉の露や真玉よかきよらさ赤糸あぐまきに貫きやいはきやい
- (訳) 芋の葉の露は真玉より美しい。赤糸に貫き集めて首飾りにしたい。
- (野) んむぬふぁぬつぃゆやヘイヒヤルガ／まだまゆかちゅらさヨ／／あかちゅあぐまちにヘイヒヤルガ／ぬちゃいはちゃいヨンナ
- (口) Mmu nu fa nu tsiyu ya *hei hiyaruga* / Madama yuka churasa *yo* // Akachu agumachi ni *hei hiyaruga* / Nuchai hachai *yo nna*
- (英) The dew on the yam leaves is more beautiful than a jewel. How I wish to make a garland of the leaves on a red thread.

「芋の葉節」は単純な上下句反復形式（I:1/a）であり、「大兼久節」と同じ歌持ちが使われる。一句一楽節という簡単な2楽節構造になっており、上一と上二、下一と下二の間に囃子詞が入る。拍節は4拍：6拍交替型である。「芋の葉節」は「しょどん節」のチラシになっている。

瓦屋節（からやぶし）

(全422) 瓦屋つぢのぼて真南向かて見れば島の浦ど見ゆる里や見らぬ

(百19) 瓦屋辻登て真南風向て見れは嶋の浦ど見よる里やみらぬ

(訳) 瓦屋（からや）の丘の頂に登って、真南に向かってみれば、故郷の村は見えるが、恋しい人は見えない。

(野) からやつぃじぬぶてぃ／まふぇんかてぃみりば／／しまぬらどぅみゆる／さとぅやみらんヨティバ

(ロ) Karaya tsiji nubuti / Mafe nkati miriba // Shimanura du miyuru / Satu ya miran *yotiba*

(英) I climb to the top of the hill at Karaya and gaze southward. I can see the distant coves but not my beloved.

「瓦屋節」は比較的に数が少ない「左手中位」（三線の第2ポジション、Ic音階）の小曲であり、G（「上」）の音が入る箇所 (*11*) があるので、2回のポジション移動が必要になる。形式は上下句反復型であるが、下二は5のところで上二から離れて、上二の楽節を短縮して、6拍の囃子詞（「ヨティバ」）で歌が終わる。上一と下一の楽節 (*3/2~6/1*) にはほとんど旋律の動きがなく、その後の2つの小楽節が旋律に変化を与える。「瓦屋節」は「暁節」のチラシであり、「瓦屋節」という古典女踊りの「中踊」として使われている（出羽は「仲良田節」、入羽は「しよんがない節」）。

六 段

すき節

あがさ節

伊集早作田節

清屋節

松本節

すき節（すぃちぶし）

(全770) 節節がなれば木草だいも知ゆり人に生まれとて我親(わおや)知らね（玉城親方朝薫）

(訳) 季節の訪れは木草でさえ知っているのに、人に生まれて親を知らないということがあろうか。

(野) しつぃしつぃがなりば／ちくさでんしゆい／／ふぃとぅにんまりとぅてぃ／わうやしらにハリヨ

(口) Shitsi shitsi ga nariba / Chikusa den shiyui // Fitu ni nmarituti / Wa uya shirani *hari yo*

(英) Even the trees and grasses know the passing of the seasons. How could anyone born in human form not be aware of the debt owed to his parents?

　「すき節」は典型的なI:1/b上下句反復型形式の曲である。短い曲であり、上一／下一と上二はそれぞれ2つの14拍の楽節でできており、下二は下二5から旋律短縮形になり、3音の囃子詞（「ハリヨ」）を足すことで9音（6＋3）の13拍の楽節で曲が終わる。歌持ちは「御前風型」である。「すき節」は「茶屋節」のチラシである。

あがさ節（あがさぶし）

(全416) 深山くぶだいんす経かけておきゆいわぬ女なとて油断しやべめ

(百119) 深山蜘てやんす経懸(カス)て置へ子女に成て油断しやへめ

(訳) 深山の蜘蛛でさえかせ糸をかけて働いているが、女である私が、なんで油断できましょうか。

(野) みやまヨくぶヨでんすぃ／かすぃかヨきてぃうちぇいヒヤウミシュラジャンナヨ／／わうぃなヨぐにヨなとぅてぃ／ゆだんヨしゃびみヨンナヒヤウミシュラジャンナヨ

(口) Miyama *yo* kubu *yo* densi / Kasi ka- *yo* -kiti uchei *hiya umi shura janna yo* // Wa wina- *yo* -gu ni *yo* natuti / Yudan *yo* shabimi *yo nna hiya umi shura janna yo*

(英) Even the spiders deep in the forest weave their webs. How could I, born as a woman, neglect my duties?

　「あがさ節」はI:1/a上下句反復型形式の曲である。旋律の特徴は音形反復、変形と短縮である。*7~9*の音形は*9~10*、*12/3~15/2*の音形は*16/1~17/3*で短縮反復されており、最後の囃子詞の旋律（*22/3~25/2*）はそのすぐ前（*19/3~22/2*）の変形反復音形である。

　この曲の歌詞の扱いは独特であり、端節の場合、囃子詞は一般的に各句の後または意味単位としての各語の間に入ると対照的に、「あがさ節」の上二と下一の場合、囃子詞は一語のなかに入

り（例えば、「かヨきてぃ」、「うぃなヨぐ」）、歌詞の意味をぼかしている。

　囃子詞で歌詞の意味を意識的に隠すことは宮廷おもろの歌唱法の特徴でもあり、「あがさ節」にはその名残があるかもしれない。*12*の旋律の断片的扱いも珍しく、同じように歌詞の意味の流れを遮る効果がある。「あがさ節」は「昔蝶節」のチラシである。

伊集早作田節（いじゅはいちくてんぶし、いじゅはいつぃくてんぶし）

(全415) 蘭の匂心朝夕思とまれいつまでも人のあかぬごとに
(百398) 蘭の匂心朝夕思留て朝晩迄も人の飽ぬ事に
　(訳) 蘭の匂いを朝夕心にとめて、いつまでも人に飽きられないように。
　(野) らんぬにうぃぐくる／あさゆうみとぅまりヨシタリヌヨンゾヨ／／いつぃまでぃんふぃ
　　　とぅぬヨハリ／あかんぐとぅに
　(口) Ran nu niwi gukuru / Asayu umi-tumari *yo shitari nu yo nzo yo* // Itsi madi n fitu nu *yo hari* / Akan gutu ni
　(英) How I would love to emit the fragrance of orchid blossoms day and night so no one would ever tire of me.

　「伊集早作田節」は「作田節」と「早作田節」に基づいており、形式と旋律素材はこの2曲から取っている。前奏は「作田節」の前奏を基に、テンポを早めて「作田節」の前奏の輪郭をたどりながら、その音価を半分にして進行している。音を飛ばしたり、音形を短縮したりすることで、70拍ほどの「作田節」の前奏を33拍に短縮している。

　歌の形式と旋律素材は「早作田節」に基づいており、この2曲の旋律進行がお互いにかなり離れる箇所もあるが、下二に入ると(*30/4*)、旋律は「早作田節」の最後の楽節(*22~28*)とまた同じ形を取る。*33*では歌の最後の4拍は後奏(前奏と同じ)と重なり、これは「作田節」の歌詞(下二)の最後の楽節(*71~73/2*)にも見られる現象である。ここでも元となった曲の音価を半分にしており、この最後の句は、後奏に備えて「早作田節」ではなく、「作田節」に基づいているであろう。

　このような顕著な特徴があるゆえ、「伊集早作田節」は関連曲から派生した代表的なバリアントと言える。「伊集早作田節」は「長ぢゃんな節」のチラシである。

清屋節（ちゅらやぶし）

上句：
(全1387) あたりをのなかご真白ひき晒るち（綿花節）
(百188) 園苧(アタエヲ)の中子引晒(サルチ)ち（棉花節）

下句：
(全242、453、471) 里があかいづ羽御衣よすらね（大兼久節、七よみ節、本田名節）
(百368) 里が蜻蛉(アカエスハネ)羽御衣よ摺に（大兼久節）

(訳) 畑に作った芭蕉の中子を真っ白に晒して、恋しい人に蜻蛉の羽のような薄衣を織ってあげたい。

(野) あたいうぅぬなかぐ／ましらふぃちさるちササチュラヤチュラヤフクラ／／さとぅがあけずぃばに／んしゅゆすぃらすぃらにササチュラヤチュラヤフクラ

(口) Atai wu nu nakagu / Mashira fichi-saruchi *sasa churaya churaya fukura* // Satu ga akezibani / Nshu yu（sira-）sirani *sasa churaya churaya fukura*

(英) After bleaching to pure white the fibres at the core of the banana tree, I shall weave for my beloved a beautiful cloak as fine as the wings of a dragonfly.

「清屋節」はI:1/aの上下句反復型形式である。同形式の多くの曲と同じように、下二の4と5の繰り返し（「すぃらすぃらに」）で字不足を補うことにより、下句は上句の完全な反復になる。歌持ちは歌の最後の6拍音形（「フクラ」）を使っている。曲名は囃子詞の「チュラヤチュラヤ」に基づいている。「清屋節」は「仲節」のチラシである。

松本節（まつぃむとぅぶし）

(全832) 獅子やまりつれて踊り跳ね遊ぶわぬやどしつれて遊ぶうれしや

(訳) 獅子はまりと一緒に踊り跳ね遊び、私は友だちと一緒に遊ぶのが嬉しい。

(野) ししやまいつぃりてぃヨウネクネ／うぅどぅいヨはにあすぃぶヨウネクネ／／わんやヨどぅしつぃりてぃヨウネクネ／あすぃぶうりしゃアミシュラシヌヨ

(口) Shishi ya mai tsiriti *yo une kune* / Wudui *yo* hani asibu *yo une kune* // Wan ya *yo* dushi tsiriti *yo une kune* / Asibu urisha *ami shurashi nu yo*

(英) The lion dances, leaping up with a ball. What a pleasure it is to frolic in the company of friends.

「松本節」は特異な曲であり、音階、形式、奏法などにおいてこれと似た曲はない。獅子舞の代表的な曲であり、『屋嘉比工工四』では「獅子也舞節」という曲名になっている。

音階は1dの四六抜き長調型の五音音階であり、旋律素材は非常に単純で、前奏（42拍）を殆ど変形せずにそのまま歌を付けて旋律を繰り返す構造になっている。この前奏は独立した形で「狂言出羽手事_{ちょうぎんじふぁ}」という題で芝居音楽にも使われている。歌い方は俗にいう「ベタ付け」という形を取り、三線の旋律と歌の旋律は同じで、同時に進行するという形である。歌の反復は各句の頭からではなく、4番目の音から始まる。歌のなかで前奏で呈示されていない旋律素材は歌の始まりの*12の1小節（6拍）*と歌の終わりの囃子詞（*23/3~25/2*、8拍）だけである。

　その特異性やその音楽的特徴を鑑み、この曲のルーツは中国にあり、中国から伝来された原曲に基づいているものであると考えられる。

七 段

本花風節

花風節

赤田花風節(1)

赤田花風節(2)

稲まづん節

本花風節（むとぅはなふうぶし）

(全541) 三重城にのぼて打ち招く扇またもめぐり来て結ぶ御縁

　(訳) 三重城に登って打ち招く扇は、またも巡り来てご縁を結ぶよすがとなるしるしです。

　(野) みぐすぃくにぬぶてぃ／うちまにくあうじ／／またんみぐりちてぃ／むすぃぶぐぃいんヨンナ｜またんみぐりちてぃヨ／またんみぐりちてぃ／むすぃぶぐぃいんヨンナ

　(ロ) Migusiku ni nubuti / Uchi-maniku auji // Mata n miguri-chiti / Musibu guin *yo nna* ｜ Mata n miguri-chiti *yo* / Mata n miguri-chiti / Musibu guin *yo nna*

　(英) Climbing the promontory at Mīgusiku [above Naha Harbour to see off a departing ship], my beckoning fan offers a sign that fate will bring us together again.

　「花風」系曲は「本花風節」、「花風節」と「赤田花風節」である。この3曲は同じテンプレートに基づいたバリアントであり、そのテンプレートとなっている原曲は他ならぬ「かぎやで風節」である。「本花風節」は以前「花かぎゃで風節」という異名で称されていることは両曲の関係を物語っている。

　形式上の類似性はもちろん、旋律の輪郭や楽節構造においても「かぎやで風節」と「花風」の曲群との間には密接な関係がある。「本花風節」の歌持ちは「かぎやで風節」の下句の返し点の三線音形（*32/3~33/4*）に基づいていると思われ、「本花風節」の短い独奏音形（*6/1~7/2*）は「かぎやで風節」の*6/3~9/5*の旋律を短縮させた形になっている。

　上二の旋律進行の輪郭は両曲ではほぼ同じであるが、下一に入ると「かぎやで風節」はF（四）を主音に始まる（*15*）のに対して、「本花風節」は4度低いC（合）を主音に始まる（*19/3*）が、両楽節の終わりでまたC（工）で合流する。

　反復法も含めて、下句のその後の旋律進行は両曲においてほぼ同じである。「かぎやで風節」の下句の返し点の合図である例の7拍の三線音形は、「本花風節」では3拍の短い音形に替わる（*40/1~3*）が、両曲の形式は全く同じである。

　楽節構造も拍子数も上句では両曲において同じある。例えば、上のオクターヴのF（七）は46拍目で上二4の音（「かぎやで風節」の*10/1*、「本花風節」の*13/1*）に達し、下句が始まるのが72拍目（「かぎやで風節」の*15/1*、「本花風節」の*19/3*）である。その後の下句の進行では、両曲の間には幾分の拍子のずれはあるが、旋律の輪郭は同じである。

　「本花風節」は「十七八節」のチラシである。

花風節（はなふうぶし）

(全553) 三重城にのぼて手巾持上げれば走船のならひや一日ど見ゆる
- (訳) 三重城に登って手巾を持ち上げると、船足はいつものように早く、瞬く間に見えなくなってしまった。
- (野) みぐすぃくにぬぶてぃヨ／てぃさじむちゃぎりばヨ／／はやふにぬなれやヨ／ちゅみどぅみゆるヨンナ｜はやふにぬヨなれや／はやふにぬなれやヨ／ちゅみどぅみゆるヨンナ
- (口) Migusiku ni nubuti *yo* / Tisaji muchagiriba *yo* // Hayafuni nu nare ya *yo* / Chumi du miyuru *yo nna* ｜ Hayafuni nu *yo* nare ya / Hayafuni nu nare ya *yo* / Chumi du miyuru *yo nna*
- (英) Climbing the promontory at Mīgusiku I raise my *tisāji* [kerchief imbued with protective power], but the fast moving ship remains in sight for a mere instant.

　「花風節」は形式、拍節と拍子数に関して「本花風節」とほぼ同じであり、同じ曲の別のバージョンと考えられる。以前「旅かぎゃで風節」という異名で知られている曲である。両曲の歌の旋律には目立った違いはほとんどないが、「花風節」では数箇所で旋律の2拍の短縮などがあり、下句に入るところで「かぎゃで風節」と同じく、F(四)が主音になる。

　「花風節」の歌持ちは「かぎゃで風節」の「御前風型」に近く、下句の返し点の8拍の三線音形（41/4〜43/3）も「かぎゃで風節」の同箇所に近いので、全体的に「花風節」は「本花風節」より原曲の「かぎゃで風節」に近いと言える。「花風節」は舞踊「花風」の中踊りで使われる曲であり、2曲構成で入羽は「二揚げ下出し述懐節（さぎんじゃ）」である。

赤田花風節（あかたはなふうぶし）(1)

(全1182) 梅だいんす雪につめられて後ど花も匂増しゆる浮世だいもの
- (訳) 梅でさえ雪に閉じ込められて後にこそ、その匂いが増すものである。
- (野) んみでんすぃゆちに／つぃみらりてぃあとぅどぅ／／はなんにうぃましゅる／うちゆでむぬヨンナ｜はなんにうぃましゅる／うちゆでむぬヨンナ
- (口) Mmi densi yuchi ni / Tsimirariti atu du // Hana n niwi mashuru / Uchiyu demunu *yo nna* ｜ Hana n niwi mashuru / Uchiyu demunu *yo nna*
- (英) In this transient world even the plum tree must lie buried before it can reveal its full fragrance.

赤田花風節（あかたはなふうぶし）(2)

(全108、謝敷節) 花と露の縁あたらまし我身の夜夜ごとにお傍添やいをらまい
(百12、嘉伝古節) 花と露の縁あたらませ互に夜ゝ毎に御側吸ひをらまへ
　(訳) 花と露のような親しい縁があったら良い。毎晩お側に寄り添っていたい。
　(野) はなとぅついゆぬいぃん／あたらましわみぬ／／ややぐとぅにうすば／すやいうぅらめヨンナ｜ハリややぐとぅにヨうすば／ややぐとぅにうすば／すやいうぅらめヨンナ
　(ロ) Hana tu tsiyu nu win / Atara mashi wami nu // Yaya gutu ni usuba / Suyai wurame *yo nna* | *hari* Yaya gutu ni *yo* usuba / Yaya gutu ni usuba / Suyai wurame *yo nna*
　(英) The close bonds between blossom and dew are my ideal. I long to be by your side every night.

　「赤田花風節」の楽譜は『屋嘉比工工四』にも『欽定工工四』にも集録されておらず、この節名が初めて登場し譜面が載せられるのが昭和16年発行の『声楽附き工工四』の続編においてである。旋律進行は「本花風節」と基本的には同じであり、曲自体は「本花風節」のバリアントである。

　「赤田花風節(I)」の歌持ちの2、4、7、8拍は「本花風節」の歌持ちと共通であり、両歌持ちもつながっていると言えるだろう。ただ、「かぎやで風節」、「本花風節」と「花風節」の下句の反復法と違い、「赤田花風節(I)」では、下一の2回の反復がなく、下句を1回歌ってからそのまま下句をすぐ繰り返す構造になっている（つまり「下一、下二、下一、下一、下二」ではなく「下一、下二、下一、下二」という形式になっており、「本花風節」の*32/3～40/3*に対応する楽節がない）。「本花風節」のこの別の旋律素材による下一の1回目の反復がないので、「赤田花風節(I)」の全体的な長さは「本花風節」より約32拍短い。

　「赤田花風節(II)」は「赤田花風節(I)」のバリアントであるが、(II)の場合、下一の2回の反復が含まれているので、「本花風節」と同形式になり、曲は「赤田花風節(I)」より37拍長い（*31/1～40/1*）。歌持ちは「花風節」の歌持ちの変形型である。

稲まづん節（んにまずぃんぶし）

(全557) ことし毛作（もづくり）やあんきよらさよかて倉に積みあまち真積しやべら
　(訳) 今年の農作物は見事な出来で、倉に積み余して真積みにするほどである
　(野) くとぅしむずくいや／あんちゅらさゆかてぃ／／くらについんあまちヨ／まずぃんしゃびらヨンナ
　(ロ) Kutushi muzukui ya / An churasa yukati // Kura ni tsin-amachi *yo* / Mazin shabira *yo nna*
　(英) This year's rice crop is so abundant that it overflows from the storehouse. Let us bundle it outside.

「花風」一連の曲は「かぎやで風節」を雛形にして成立した曲であるということは明白であるが、それに対して「稲まづん節」の場合、事情はもう少し複雑である。「かぎやで風節」の別名は「御前風節」であったのに対して、「稲まづん節」は「昔御前風節」という別名を持っていた。

　歌詞（琉歌）の各音と旋律の輪郭の相互関係において「稲まづん節」は「かぎやで風節」と全く同じ旋律進行を呈しているが、拍数で言えば、「稲まづん節」は「かぎやで風節」のほぼ2倍の長さになる（上一56対28拍、上二52対33拍、下一58対29拍、下二47対24拍）。

　例えば、上二4の高いF（七）に達するところは「かぎやで風節」の場合、歌い出しから38拍目（*10/1*）であるのに対して、「稲まづん節」の場合、72拍目（*23/3*）である。「稲まづん節」とこの一連の関連曲との形式上の顕著な違いは、「かぎやで風節」などの特殊な下句反復が「稲まづん節」にはないということである。

　「稲まづん節」は「昔御前風節」とも呼ばれていたので、「かぎやで風節」より成立時期が早いと考えるのが自然であるが、それを裏付ける史料がなく、そう断言できない。ただ、「稲まづん節」は最初に成立し、その後、旋律進行をそのまま踏襲しながら拍数を半分に短縮することで、「かぎやで風節」ができ、「かぎやで風節」を雛形にして「花風」一連の曲が成立したと考えると筋が通る。

　これら6曲（「稲まづん節」、「かぎやで風節」、「本花風節」、「花風節」、「赤田花風節Ⅰ、Ⅱ」）は全く同じ旋律進行に基づいて展開するが、「稲まづん節」は独特な動機や小楽節の反復を取り入れているという特徴がある。上一4での20拍楽節（*7/1~11/4*）は下一4（*40/1~44/4*）で、上一7での22拍の旋律部分（*13/3~18/4*）は上二7（*30/3~35/4*）でそれぞれ反復され、*61/1*から同じ楽節からの動機は再登場する。*16/3*で初めて現れる4拍音形は5回現れ、この曲の特徴的音形になっている。

　変則拍子の多用は「稲まづん節」のもう1つの特徴であり、2拍子の基本的拍節のなかに3拍子を導入することで、不安定さと緊張感が生まれる。変拍子は歌持ちから始まり、歌持ちの輪郭は旋律の拡張と短縮によって「作田節」の前奏（*3/1*まで）と類似しているが、それに基づいていると考えられる。

　「稲まづん節」は古典女踊りの「稲まづん」の中踊りで使われる曲であり、2曲構成で入羽は「早作田節」である。

八 段

赤さこはでさ節

踊こはでさ節

宮城こはでさ節

屋慶名こはでさ節

赤さこはでさ節（あかさくふぁでぃさぶし）

(全301) 赤さこはでさや美御殿とたんか玉黄金里やわぬとたんか
- (訳) 紅葉したクハデサは、御殿と相向かい、恋しい人は私と相向かっている。
- (野) あかさくふぁでぃさや／みぅどぅんとぅたんか／／たまくがにんぞや／わんとぅたんか サ｜わんとぅたんか
- (口) Akasa kufadisa ya / Miwudun tu tanka // Tamakugani nzo ya / Wan tu tanka *sa* ｜ wan tu tanka
- (英) The kufadisa tree with its beautiful autumnal tints faces the great villa. My beloved, like a golden jewel, faces me.

「赤さこはでさ節」は上下句反復型の曲であり、際立った特徴としては、上一／下一の上二／下二に対する相対的長さである。上二／下二は一楽節（それぞれ16拍と22拍）で構成されているのに対して、上一／下一は三楽節64拍の長さ（各楽節はそれぞれ24、20、15拍）である。ほとんどの端節と対照的に、下二は囃子詞で終わるのではなく、旋律の頭の4拍を変形させ歌詞を繰り返す仕組みになっている。

踊こはでさ節（うぅどぅいくふぁでぃさぶし）

(全304) こはでさのお月まどまどど照ゆるよそ目まどはかて忍でいまうれ
(百48) くはてさか御月間と間とと照る与所目間と計て忍て参れ
- (訳) クハデサの上の月は、木の葉の隙間にこそ照るのだ。よそ目の隙間を見計らって、忍んでいらっしゃい。
- (野) くふぁでぃさぬうつぃちサセンスルセンスルセ／まどぅまどぅどぅてぃゆるサセンスルセンスルセ／／ゆすみまどぅまどぅばかてぃ／しぬでぃサしぬでぃいいもり
- (口) Kufadisa nu utsichi *sa sensuru sensuru se* / Madumadu du tiyuru *sa sensuru sensuru se* // Yusumi madu (madu) bakati / Shinudi *sa* (shinudi) imori
- (英) The moon above the kufadisa tree shines through between the leaves. Come to me, stealing between the glances of others.

「踊こはでさ節」は上一上二反復、下句展開型（I:4）の形式であり、音階、拍節、構造や形式において昔節の「暁節」と同系の曲である。上二は上一の完全な反復であり、両句は同じ囃子詞で終わる。囃子詞はそれまでの単純な2-1-1拍の拍子の流れに変化を与え、次の句との区切りを効果的に付ける。下句の素材は上句の旋律に基づいているが、独特な展開になる。8/8//8/6音の

琉歌の歌詞を使うほとんどの曲の場合、下二の歌詞または旋律を調整することで形式を整える仕組みになっているが、「踊こはでさ節」の場合、下一の8音のうちの2音（下一4/5）を繰り返すことで下句は10/9音という構造になっている。下句では、35の4拍以外、旋律はすべて上句の旋律に基づいている。36～42/2は9～15/2の反復であり、42から曲の終わりまでは基本的には上句の素材の反復であるが、49の4拍は次の小節（50）で繰り返されるので、この反復部分は上句の同旋律より4拍長い。

宮城こはでさ節（にゃーぐすぃくくふぁでぃさぶし）

(全308) 打ち鳴らし鳴らし四つ竹は鳴らちけふやお座出ぢて遊ぶ嬉しや

(百385、石根節) 打鳴らし鳴らし四つ竹は鳴ち今日や御座出て遊ふ嬉しや

 (訳) 四つ竹を打ち鳴らして鳴らして、今日はお座敷に出て踊って遊ぶのが嬉しい。

 (野) うちなヨらしならしヒヤヤリヌ／ゆついだヨきわならちヒヤアスィビュサウゥドゥユサヨ／／きゆやうざんじてぃヒヤヤリヌ／あすぃぶうりしゃヒヤスルイトゥセンスルセ

 (口) Uchi na-*yo*-rashi narashi *hiya yari nu* / Yutsida-*yo*-ki wa narachi *hiya asibyusa wuduyusa yo* // Kiyu ya uza njiti *hiya yari nu* / Asibu urisha *hiya suru itu sensuru se*

 (英) Sound them, sound them, sound the yotsudake bamboo clappers! How joyous to dance at today's banquet!

「宮城こはでさ節」は音階、拍節、形式などにおいて「踊こはでさ節」と同系の曲であるが、両曲の旋律素材は異なる。規模においても、「宮城こはでさ節」は「踊こはでさ節」よりおおよそ4割長い（歌持ち22対14拍、上句78対62拍、下句114対90拍）。上一と上二の旋律は7のところで分かれ、それぞれ別の囃子詞で締めくくる。下句に入ると、50～62の52拍は上一の13～25とほぼ同じであるが、この反復部は上一では5で始まるに対し、下一では4で始まる。下一は上一の縮小型であり、その後の下二（66～76）の旋律は66の6拍に続いて上二の35～44（40拍）の反復である。よって、下一と下二のそれぞれの冒頭の6拍以外（49、66）、下句の旋律はすべて上句にすでに呈示されているということになる。

屋慶名こはでさ節 (やきなくふぁでぃさぶし)

(全2195*) 屋慶名こはでさや枝持ちのきよらさ屋慶名女童の手振り [身持ち] きよらさ

(訳) 屋慶名のクワデサの木は枝ぶりが美しく、屋慶名の乙女の身振りが美しい。

(野) やきなヨくふぁでぃさや/ハイヤいだむちちゅらさぬヨ//やきなヨみやらびぬ/ハイヤみむちちゅらさぬヨ

(口) Yakina *yo* kufadisa ya / *haiya* Idamuchi churasanu *yo* // Yakina *yo* miyarabi nu / *haiya* Mimuchi churasanu *yo*

(英) The branches of the kufadisa tree at Yakena are beautifully formed. Beautiful too are the gestures of the girls of Yakena.

「屋慶名こはでさ節」は「踊こはでさ節」を短縮した形の短い上下句反復型の曲である。単純な形式ではあるが、48拍の旋律のほとんどは「踊こはでさ節」に基づいている。6拍の歌持ちは「踊こはでさ節」の14拍の歌持ちに基づいており (*4/1~2・1/2~3・3/2~3*)、最初の楽節 (*2~6*) は「踊こはでさ節」の最初の楽節 (*5~11*) を短縮した形になっている。短縮は特に*5*で現れており (三線のパートの各音は「踊こはでさ節」の*8/1、8/4、9/1、10/1*に相当)、*6~8/2*は「踊こはでさ節」の旋律 (*11~13/2*) と同じである。それに続く10拍 (*9~10*) は「踊こはでさ節」の旋律から離れて行くが、最後の6拍 (*11~12*) はまた「踊こはでさ節」の上句の旋律 (*17~18*) とほぼ同じである。

九 段

伊江節

世栄節

垣花節

揚沈仁屋久節

本嘉手久節

伊江節（いいぶし）

(全412) あがり打ち向かて飛びゆる綾蝶まづよ待てはべるいやりもたさ
- (訳) 東の方に向かって飛んで行く美しい蝶よ、ちょっと待ってくれ。ことづけを頼みたいから。
- (野) スリあがりうちんかてぃ／ヤリとぅびゅるヨヒヤスリあやはびるヒヨ／／スリまづぃゆまてぃはびる／ヤリいやいヨヒヤスリむたさヒヨ
- (ロ) *suri* Agari uchi-nkati / *yari* Tubyuru *yo hiya suri* ayahabiru *hiyo* // *suri* Mazi yu mati habiru / *yari* Iyai *yo hiya suri* mutasa *hiyo*
- (英) Beautiful butterfly flying towards the east! Stop awhile for I have a message to entrust to you.

　「伊江節」は上下句反復型の曲であるが、上句と下句の一と二も12拍ほど同じ旋律を使っている（*4~6/3、13~15/3*）。各句は囃子詞で始まり、上二と下二は「囃子詞・3音・囃子詞・5音・囃子詞」という異色の構造になっている。囃子詞も含めて、上二は17音、下二は15音で構成されているが、歌詞の振り方の違いで（*18、36*）2音足らずの下二の楽節が、旋律を替えずに調整されている。『屋嘉比工工四』では「失蝶節」という題で見られる。

世栄節（ゆざかいぶし）

(全828) けふのいからしや誰がすいからしゆが首里天ぎやなし御祝やこと
- (訳) 今日みなが喜びに興じているのは、だれのためだろうか。首里の国王様のお祝いのためである。
- (野) きゆぬいからしや／たがすぃいからしゅが／／しゅゆいてぃんじゃなし／うゆうぇやくとぅヨンナ｜しゅゆいてぃんじゃなし／しゅゆいてぃんじゃなし／うゆうぇやくとぅヨンナ
- (ロ) Kiyu nu ikarashi ya / Tagasi ikarashu ga // Shuyui tinjanashi / Uyuwe yakutu *yo nna* ｜ Shuyui tinjanashi / Shuyui tinjanashi / Uyuwe yakutu *yo nna*
- (英) For whom are we today so full of joy? It's a celebration in honour of the great king in Shuri.

　「世栄節」の形式は「上一・上二・下一・下二・（下一）・下一・下二」であり、同形式の曲は「かぎやで風節」、「本花風節」と「花風節」だけであるが、旋律素材に関してはこれら3曲との共通点がない。「世栄節」の特徴的音形は*4/1~5/1*（5拍）で初めて登場し、その後3回も現れる（*8/1~9/1、11/1~12/1*とその反復）。各句の長さはほとんど同じであるので（15、13、16、14、14拍）、「世栄節」

は極めて整った形になっている。囃子詞は少なく、上二と下二の最後に現れる3音だけである。

垣花節（かちぬはなぶし）

(全76) ときはなる松の変わることないさめいつも春くれば色どまさる

(訳) 常磐なる松が変わるということはない。春が訪れてくるたびにその色が増すばかりである。

(野) とぅちわなるまつぃぬ／かわるくとぅねさみヨシュラジャンナヨ／／サいつぃんはるくりば／いるどぅまさるサシュラジャンナヨ

(ロ) Tuchiwa naru matsi nu / Kawaru kutu nesami *yo shura janna yo* // *sa* Itsi n haru kuriba / Iru du masaru *sa shura janna yo*

(英) Never will the evergreen pine change. Its colours grow more radiant each year with the advent of spring.

「垣花節」には歌詞の上下句形式を基にした反復はないが、下二 (*17~19/3*) は下一の1~6音 (*13~15/2*) の反復であり、上下両句は同じ囃子詞 (5拍) で終わる。*19* (5拍小節) の4、5拍は本来1拍 (それぞれ八分音符) であったものが現在1拍ずつ取って演奏される。

この曲の別名は「早謝武名節」であるように、「垣花節」の旋律素材は「ぢゃんな節」と密接な関係がある。歌持ちの最初の2拍は「ぢゃんな節」の歌持ちの*1/2~3*の音形に基づいており、「垣花節」の上一は「ぢゃんな節」の上一の変形型である。

具体的には、両曲の歌い出しはほとんど同じであり、三線パートの場合、「垣花節」の*4/3~6/2*は「ぢゃんな節」の*5/3~7/2*と同じである。「垣花節」の場合、その後の「ぢゃんな節」の4拍 (*7/3~8/2*) を飛ばして、*6/3~7/3*で「ぢゃんな節」の*8/3~9/3*でまた合流する。「垣花節」と「ぢゃんな節」のその後の展開は分かれるが、それぞれの囃子詞には旋律進行の共通点があり (「垣花節」の*11/2~12/2*、「ぢゃんな節」の*35/4~37/4*)、両曲は近い関係にあることを物語っている。そういう意味では、「ぢゃんな節」と「垣花節」(「早謝武名節」) の関係は「作田節」と「早作田節」の関係と似ているが、「ぢゃんな節」系の曲の場合、「長ぢゃんな節」、「ぢゃんな節」、「早ぢゃんな節」(「垣花節」) という3曲1組になる。

揚沈仁屋久節（あぎじんにゃくぶし）

- (全762) 按司添がお船の渡中おし出れば波もおしそひてはるがきよらさ
  - (訳) 按司添の乗られたお船が沖合に出ると、波は船に添って走るのが美しい。
  - (野) あじすいがうにぬ／とぅなかうしじりばサジンニャク／／サなみわうしすいてぃ／はるがちゅらさサジンニャク
  - (口) Ajisui ga uni nu / Tunaka ushijiriba *sa jinnyaku* // *sa* Nami wa ushi-suiti / Haru ga churasa *sa jinnyaku*
  - (英) When our lord's ship puts out to sea, how beautiful it is to watch the waves as they follow in the vessel's wake.

「揚沈仁屋久節」は「世栄節」と同じように、国王礼賛の歌である。「揚沈仁屋久節」には上下句反復や句ごとの反復はないが、部分的反復がある。三線パートでは、*5/1~7/1* は *12/1~14/1* で1オクターヴ下で反復され、*8/4~10/3* は *14/4~16/3* で反復される。*17/1~19/2* は *7/1~9/2* の4度下の変形であり、上下両句は同じ囃子詞で終わる。「揚沈仁屋久節」の場合、歌詞形式と楽曲形式の関係が薄い数少ない曲の1つである。

本嘉手久節（むとぅかでぃくぶし）

- (全445) 見る花に袖や引きよとめられて月のぬきやがてど戻て行きゆる
  - (訳) 花に見ほれて袖を引き止められ、月が出てきたので、帰路についた。
  - (野) みるはなにすでぃや／ふぃちゆとぅみらりてぃヨ／／つぃちぬぬちゃがてぃどぅ／むどぅてぃいちゅるヨシュラ
  - (口) Miru hana ni sudi ya / Fichi yu tumirariti *yo* // Tsichi nu nuchagati du / Muduti ichuru *yo shura*
  - (英) My sleeves are held back, captivated as I am by the flower I see before me. I wend my way home as the moon appears in the night sky.

「本嘉手久節」は上下句反復型の形式であり、上下句の一と二はそれぞれ1つの長い楽節で歌われており（一：22拍、二：28拍）、この2楽節の最初の5拍（*2/3~3/3*、*8/3~9/3*）と最後の6拍（*7/1~8/2*、*15/1~16/2*）は共通である。従って、各楽節の独自の展開はその共通箇所の間の13拍（一：*3/4~6/4*）と19拍（二：*9/4~13/4*）であり、共通拍数は11拍である。「本嘉手久節」という古典女踊りがあり、3曲構成になっている（出羽「本嘉手久節」、中踊り「出砂節」、入羽「揚高祢久節」）。

十 段

作田節

ぢゃんな節

「ぢゃんな節」、「首里節」、「しょどん節」の弾き出し

歌持ちへ

首里節

しょどん節

暁節

作田節（ちくてんぶし、ついくてんぶし）

(全149) 穂花咲き出ればちりひぢもつかぬ白ちやねやなびきあぶしまくら

(百3) 穂花咲出は塵泥も附ぬ白ちやねやなひち畔枕ら

(訳) 稲の穂花が咲き出ると塵も泥もつかず、白種子は風になびいて畔を枕にしている

(野) ふばなさちじりば／ちりふぃじんつぃかんツォンツォン／／‖：しらちゃにやなびち／あぶしまくらツォンヤツォンツォ：‖

(口) Fubana sachi-jiriba / Chiri fiji n tsikan *tson tson* // ‖: Shirachani ya nabichi / Abushi makura *tson ya tson tso*：‖

(英) When the rice plants blossom, no dirt or mud attaches to them. The white ears sway in the wind as I make my pillow on the ridge.

　「作田節」は『欽定工工四』と現行工工四の中巻の最初の曲として「前の五節」の1番目に載せられている曲であり、昔節の代表格とされている。（「作田」は現在、那覇方言の発音に合わせて「ちくてん」と読むが、本来の首里方言の発音で「ついくてん」と読むべきであろう。）しかし、歌三線レパートリーのなかでの「作田節」の中心的な地位や高い評価にもかかわらず、他の9曲の昔節のなかに現れるこのジャンルの形式上の特徴をほとんど持ち合わせていない曲である。

　「作田節」から派生した曲（端節）は4曲ある（「早作田節」、「揚作田節」、「伊集作田節」、「中作田節」）。タイトルの「作田」はもともと囃子詞であり、湛水流「作田節」のなかでは「ヤツィクテンテンツィクヤンゾヨ」という囃子詞がまだ残っている。「作田節」という古典女踊りがあり、「作田節」という曲はその中踊りとして使われている。そういう関係で、「作田節」は古典女踊りの「しょどん」で使われる「しょどん節」とともに最もよく知られており、最も頻繁に演奏される昔節である。

　昔節を1つのジャンルとして見た場合、「作田節」の形式的特異性は主に4つの面で現れてくる。すなわち1) 三線独奏で奏される長い前奏で曲が始まる、2)「暁節」をもう1つの例外として、その他の8曲の特徴である上一と上二のなかの声と三線の1オクターヴ開きの部分がない、3) 上句の旋律進行は「通作型」であり、上二は上一の反復ではない、4) 導入部のあとの下句はそのまま反復される、という4点である。拍節は全曲を通して規則的な4拍子を基本単位としている。

　前奏（70拍）は三線の右手と左手の奏法をふんだんに使っている。すべての「作田」系曲にはこのような三線独奏部分があり、曲によって前奏（「作田節」、「伊集作田節」）、中奏（「中作田節」）または後奏（「揚作田節」、「早作田節」）という形をとる。上句内の音形反復はないが、上一と下一の間の共通音形がある（*21~25/1、53~57/1*）。琉球古典音楽では曲と歌詞との直接な関係（音楽による歌詞の描写）を想定するのが概して難しいが、歌三線の演奏家はだれでも感じたことであるはずだが、下一の「しらちゃにやなびち」（「白種がなびいて」）の「なびち」（*58/3~65/2*）の旋律はまさにその言葉の意味を音によって描写しているという印象を受ける。

すでに述べたとおり、下句の反復は導入部において(16拍、*82/3~86/3*)1回目の呈示と異なる旋律であるが、それ以降、曲の終わりまで1回目と同じ形をとる。

ぢゃんな節（じゃんなぶし）

(全482) 昔ごとやすがなままでも肝に忘ららぬものやあれが情
 (訳) 昔のことではあるが、今までも心に忘れることのできないのは、あの人の情けである。
 (野) んかしぐとぅやすぃが／なままでぃんちむにジャンナジャンナヨ／／わすぃららんむぬや／ありがなさきジャンナジャンナヨ
 (口) Nkashigutu yasiga / Nama madi n chimu ni *janna janna yo* // Wasiraran munu ya / Ari ga nasaki *janna janna yo*
 (英) Although long ago, never have I once in my heart forgotten her loving kindness.

　「ぢゃんな節」は「前の五節」の2番目に載せられている曲であり、形式的には大昔節（「後の五節」）の「長ぢゃんな節」の縮小版である。「前の五節」の2、3、4番目の曲（「ぢゃんな節」、「首里節」、「しょどん節」）は内容的に似ており、これら3曲の形式は基本的には同じである。「ぢゃんな節」は「作田節」と「暁節」以外の昔節の特徴の1つである上一（大昔節の場合、上二も）の後半でのポジション移動を伴う三線と声の1オクターヴ開き（三線は上、歌は下）があり、上句と下句の間には「ぢゃんな節」、「首里節」、「しょどん節」に共通の19拍の中奏（合の手、*39/3~44/1*）がある。曲の冒頭にはこの3曲に共通な「弾き出し」（16拍、中奏の変形）は付けられており、合唱するときに演奏するのが常例である。

　上一の三線と声の1オクターヴ開き部は「ぢゃんな節」と「長ぢゃんな節」では、他の曲より相対的に長く、「ぢゃんな節」の場合、46拍（*6/1~17/2*）、上一の最後まで続く。上二は上一と同じ旋律進行で始まるが、10拍（*19/1~21/3*）の後、別の方向に転換し、旋律素材を展開させる。上句は囃子詞で終わり（*34/4~38/4*）、「作田節」の冒頭の動機（*37/1~38/2*）が現れる。同じ動機はその後、*45*と*61*でも再引用される。

　形式的中奏の後、下一では新しい旋律素材が導入されるが、2番目の楽節の途中（*50*）から上二の旋律（*26*）に戻る。その後の46拍（*49/3~60/4*）は上二と同じ（*25/3~36/2*）であり、下二の最初の3音（*58/4~62/3*）の旋律は上二の囃子詞の旋律の最初の9拍の旋律とほとんど同じである。囃子詞の旋律が歌詞（琉歌）の旋律に利用される数少ない例である。下二の旋律はその後下一の旋律に戻り（下一、下二の3から、*46*、*63*）、*67/3*から下二の*25/3*にまた戻り、その後、上句と同じ展開になり、囃子詞と中奏（今度は後奏）まで取り入れて、曲は歌持ちで終わる。

　他の昔節の場合、下句では上句の旋律素材が展開されるのが普通であり、上句の旋律素材がそのまま反復されることが珍しく、これは「ぢゃんな節」とその拡張版と言える「長ぢゃんな節」の注目すべき特徴のひとつである。

首里節（しゅいぶし）

(全492)ませこまてをればここてるさあものおす風とつれて忍でいらな

(百241)笆込てをれは淋敷さあもの押風と列て忍ていまおれ

 (訳)垣根にこもっていれば心淋しく切ないので、そよ吹く風と一緒に（恋人のところに）忍んで入ろう。

 (野)ますぃくまてぃうぅりば／くくてぃるさあむぬハイヤマタハナヌサトゥヌショ／／うすかじとぅついりてぃハイヤマタ／しぬでぃいらなサトゥガバンドゥクル

 (口)Masi kumati wuriba / Kukutirusa amunu *haiya mata hana nu satunushi yo* // Usukaji tu tsiriti *haiya mata* / Shinudi irana *satu ga bandukuru*

 (英)How wretched I feel shut behind the fence out of her sight. I long to steal to her side along with the gentle breeze.

 「首里節」は「前の五節」の3番目の曲であり、形式的に「ぢゃんな節」と「しょどん節」とともに3曲1組になっている。この3曲の比較図（巻末：表1）で見られるとおり、曲の全体的形式、楽節の長さ、共通旋律素材、拍節など、すべてにおいてこの3曲は極めて近い関係にあり、同じテンプレートに基づいていると言える。

 全体的形式は前奏-上句-中奏-下句-後奏になっている。上句の上一の後半（上一6から8まで）には「作田節」と「暁節」以外の8曲の昔節の特徴の1つである上一での声と三線との1オクターヴ開き部があり、合いの手(9)を挟んで、上一の半分（10~15の6小節、上二の第2楽節）を占めている。上二の第1楽節（18~24）は、最初の3拍の後、上一の第1楽節の反復になるが、24ではこの楽節を4拍延ばす。上二の第2楽節は上一と上二の旋律の変形であり、一部はすでに2回登場した旋律をそのまま使っている（27/3~29/3の12拍）。この上二の第二楽節は再び下二で反復される。短い囃子詞（「ハイヤマタ」）の後、「首里節」にしか登場しない有意味の囃子詞が現れ、上句を締めくくる。上句のこの囃子詞は「ハナヌサトゥヌショ」、下句の最後の囃子詞は「サトゥガバンドゥクル」であり、それぞれ「花の里主よ」と「里が番所」という意味である。両方は首里宮廷での奉仕と関係があるものであり、「首里節」をはじめ昔節の首里宮廷との深い関係を物語っている。

 3曲共通の中奏の後、下一の第1楽節の旋律は上一の最後の囃子詞の旋律を変形させながら繰り広げられる（三線の旋律は10拍ほど（42/1~44/2）同じである）。下一の第2楽節は上二の第2楽節の反復であり、同じ旋律は上二と下一の6から使われる（26、50）。下二の第1楽節の旋律は下一の旋律と全く同じであり（28拍、42~48、58~64）、第2楽節には新しい旋律素材が短い間導入されるが（66~70）、その後の下句の囃子詞の旋律は上句のそれと同じである。最後は、三線独奏の中奏部分は後奏として再び現れ、曲が終わる。

しょどん節 （しゅどぅんぶし）

(全508) 枕なれべたる夢のつれなさや月やいりさがて冬の夜半

(訳) 枕を並べていると思ったのは夢で、（目がさめたら）冬の夜半の月は西に傾いている。

(野) まくらならびたる／ゆみぬつぃりなさゆサトゥヌショ／／つぃちやいりさがてぃ／ふゆぬやふぁんアリサトゥヌショ

(口) Makura narabitaru / Yumi nu tsirinasa yu *satunushi yo* // Tsichi ya iri sagati / Fuyu nu yafan *ari satunushi yo*

(英) How heartbreaking to dream of us sharing pillows side by side. I awake to see the moon sinking in the west deep on this winter night.

「しょどん節」は「前の五節」の4番目の曲であり、形式的には「ぢゃんな節」と「首里節」とともに3曲1組になっている。「ぢゃんな節」と「首里節」と同様、「しょどん節」の上一と上二はそれぞれ2大楽節で構成されており、第1楽節はさらに2つの小楽節に分かれている (5、22)。上二は5小節 (20拍) ほど上一の旋律を反復するが、その後、旋律が分かれていく。上二の第二楽節 (29から) の旋律では、この曲の特徴的音形が再び歌で現れ (31)、同じ旋律の動きはすでに上一の第1楽節の第2小楽節 (8) で現れている。この音形の主な特徴である「次第下げ」（下行ポルタメント）は「しょどん節」の旋律に何回も登場し、特に広い音程の7度にわたる「次第下げ」は3回現れ (34、59、71)、この曲を特徴づける要素である。

この3曲共通の中奏の2小節前から、「ぢゃんな節」の同じ箇所と同様、「作田節」の冒頭の音形が登場する (39/1～40/2)。それに続く下一の第一楽節の旋律 (45～48/2) は中奏のすぐ前の小楽節 (37/4～40/3) の変形である。下一の第1楽節の後半（第2小楽節）は最後の2拍 (52/3) から上二の旋律に戻り (27/3)、その後、上二の第2楽節の3と4小節 (31～32) の音高を上に延ばすことで旋律を変形させる (56～57)。このフレーズは曲のヤマ場であり、旋律は最高音 (56/3) に達してから、「さがてぃ」という言葉で急に下がり、12拍のうちに最高音から最低音に達する (56/3～59/3)。下一のその後の展開は上二の旋律と同じであるが、上二の旋律の最後の2小節 (39～40) は省略されている (64)。下二4と5のフレーズ (66/2～68/4) は下一4と5のフレーズ (49/4～52/4) と3拍の後合流する。下二の最後のフレーズ (70から) は上二の締めくくりのフレーズと同じであり、よって上句と下句の最後の43拍は同じということになる。

他の昔節と同様、「しょどん節」の音階は3度の音程に基づいた1a型であり、主音は始終C（合）である。拍節も規則的な4/4拍子であり、端節によく現れる6/4拍子の拍節単位はない。この音階と拍節の特徴は首里の士族音楽との関係がありそうで、端節と地方民謡系の曲と一線を画する特徴である。

「しょどん節」は古典女踊り「諸屯」の中踊りで使われる曲であり、「仲間節」（出羽の踊）と「しようんがない節」（入羽の踊）と共に演奏される。強い感情を秘めている曲であるので、「諸屯」の

踊りの押さえた厳しい感情を表現するためにうってつけの曲である。ちなみに、「諸鈍（しょどん）」は奄美大島瀬戸内町の地名である。

暁節（あかつぃちぶし）

(全510) 暁やなゆりいきやおさうずめしやいが別るさめとめば袖の涙

 (訳) 暁になりましたが、あなたはどんな思いでいらっしゃいますか。別れるだろうと思うと、袖に涙がこぼれます。

 (野) あかつぃちやなゆいヨ／いちゃうそうずぃみしぇがヨ／／わかるさみヨとぅみばヨウミンゾ／すでぃぬなみだヨ

 (ロ) Akatsichi ya nayui *yo* / Icha usozi mishega *yo* // Wakarusami *yo* tumiba *yo uminzo* / Sudi nu namida *yo*

 (英) What are you thinking now that dawn is upon us? When I realise that we must part, tears fall on my sleeves.

　「暁節」は「前の五節」の5番目の曲であり、昔節10曲のなかで特異な曲である。昔節では、たったひとつ1cの音階を使っている曲であり、形式や旋律進行に関しても、他の昔節より「踊こはでさ節」など、同音階を使っている曲との共通点が多い。

　「暁節」は24拍の前奏で始まり、上一は4つの楽節で構成されている。上二は前奏を含んで上一の完全な反復であり、他の「前の五節」のように変形はない。中奏は前奏と同じであり、その後の下一では、「踊こはでさ節」の下一と同じように旋律の音域が開いて、最高音高に達する（*56~61*）。下一6から（*71/4~75/3*）冒頭の歌フレーズに戻るが、その後囃子詞が入り、4回の列弾（つぃりびち）（「四」と「工」の開放弦を同時に弾くこと）で旋律の流れは一旦遮られることになる。下二では、下一の部分的音形を借用してから（*84~85、65~66*）上句の旋律に戻り、下句は上句と同じ旋律で終結する。

十一段

茶屋節

昔蝶節

長ぢゃんな節

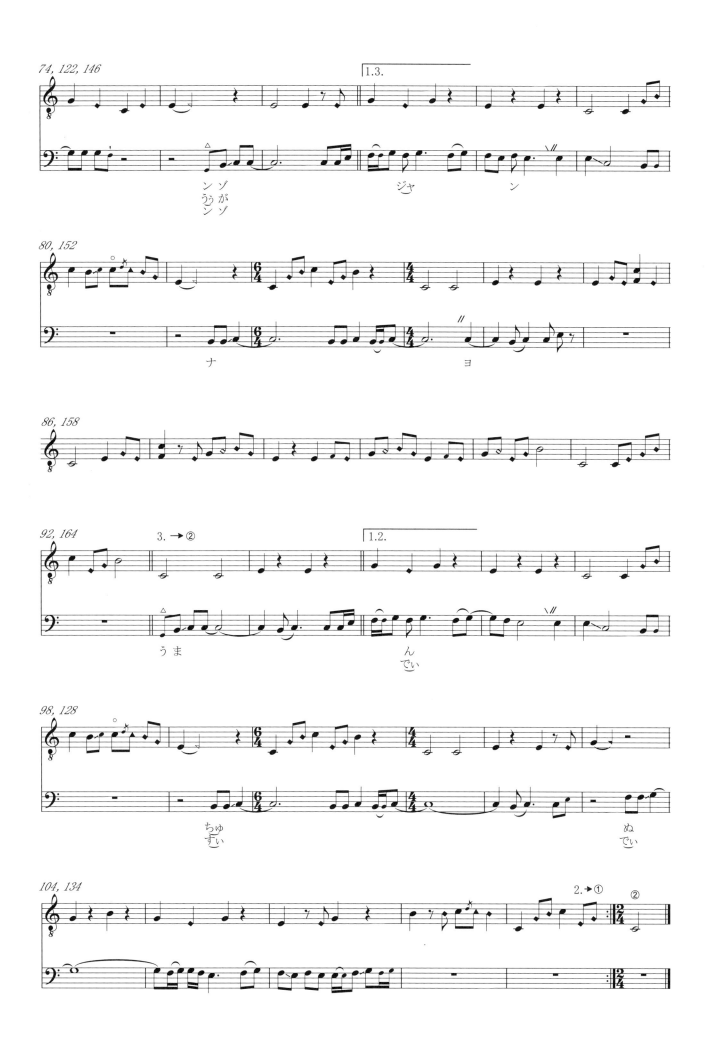

仲節

十七八節

茶屋節（ちゃやぶし）

(全520) をがでのかれらぬ首里天ぎやなし遊でのかれらぬ御茶屋御殿

 (訳) お顔を拝して去りがたいのは首里国王様で、遊んで去りがたいのは御茶屋御殿

 (野) うぅがでぃぬかりらん／しゅゆいてぃんじゃなし／／あすぃでぃぬかマタりらんサトゥヨ／うちゃやうどぅんハイヤシュランゾヨ

 (ロ) Wugadi nukariran / Shuyui tinjanashi // Asidi nuka- *mata* -riran *satu yo* / Uchaya udun *haiya shura nzo yo*

 (英) From whose presence is it hard to draw away? The king in Shuri. From which entertainments is it hard to draw away? Those at the Uchaya-udun villa.

「茶屋節」は「後の五節」の最初の曲であり、「大昔節（うふんかしぶし）」五曲の1つとして分類されている。この5曲のなかで最も簡素で規則的な形式をもつ曲である。音階（1a）と拍節（4/4系の2拍子）は他の昔節と同じであるが、この曲の際立った特徴はその2つの相対的に長い器楽部分である。1回目の部分は*23~34*に亘る48拍の部分で、上一の後で置かれている。導入部の4拍以外、上二は上一の完全な反復であり、この器楽部分は中奏ではなく、上一と上二両句の形式単位に含まれているので、それぞれの句の後で演奏される。昔節の上句（主に上一）の慣例的な弦声の1オクターヴ開きは*11*（上一4の途中）から始まるが、比較的に短く、22拍（*16/2*まで）続く。

 下句には新しい旋律素材が導入されるが、*73/3~76/3*の12拍は上句の*19/3~22/3*と同じである。全体的に上句の素材を展開させているという様相を呈している。そういう意味で、他の昔節と同様、上句は呈示部、下句は展開部という解釈が可能である。下一と下二の最初の5音は同じ旋律であるが、その後、上一では囃子詞で始まる長めの展開部がある（*80*から）。*84*からの6拍は上二の導入部（*36/1~37/3*）とほとんど同じであるが、新しい旋律素材に基づいて旋律が続く。上二の場合、上一と上二の共通箇所の後、残りの1音で歌はすぐ終わる（*112*）が、その後、72拍の長さの2番目の器楽部分が続く（*113~130*）。1番目の器楽部分は3回も登場するが（上一と上二の後と終結部）、この2番目の部分は下二のすぐ後で1回登場するだけである。この2つの部分の最初の6拍は同じであるが、2番目の器楽部分の旋律線はその後、独自な展開になる。6小節の囃子詞（*131~136*）の後、最初の器楽部分の3番目の登場になり、これで曲が終結する。

 歌詞（琉歌）が終わり、曲が終わるまで、148拍（囃子詞を含めて）ほどの長さの後奏が付いている曲は他にはなく、これは「茶屋節」の顕著な特徴である。曲の全体的な長さは593拍であるのに対して、器楽部分の長さは228拍になるので、器楽部分は曲の4割弱を占めることになり、割合としてほかのどの曲よりも断然長い。

昔蝶節（んかしはびらぶし）

(全1150) みすとめて起きて庭向かて見れば綾蝶無蔵があの花この花吸ゆるねたさ

 (百30) 未明(ミソトメテ)起きて庭向かてみれは綾(アヤ)蝶無蔵かあのはな此花吸る妬(ネタサ)さ

  (混) みすとめておけて庭むかて見れはあやはへるむさうか花とそよさ

  (訳) 朝早く起きて庭に向かって見ると、美しい蝶があの花この花の蜜を吸っているさまがねたましい。

  (野) みすとぅみてぃうきてぃイヤマタヨ／にわんかてぃみりばイヤマタヨ／／あやはびるんぞがヨ／あぬはなくぬはな／すゆるにたさヨ

  (ロ) Misutumiti ukiti *iya mata yo* / Niwa nkati miriba *iya mata yo* // Ayahabiru nzo ga *yo* / Anu hana kunu hana / Suyuru nitasa *yo*

  (英) Awaking early in the morning I gaze out on the garden, envious of the beautiful butterfly drinking the nectar as it flits from flower to flower.

　「昔蝶節」は昔節のなかでたった1つ長歌(8/8//8/8/6)形式の琉歌を歌詞とする曲である。上句の上一と上二の旋律は全く同じである。歌い出しからの最初のフレーズ(*2~8*)は非常に狭い音域(短3度)のうちに動き、それに続いて、3拍子の小節を取り入れた長めの合の手(17拍、*9/1~13/2*)をはさんで昔節の特徴である上句での三線と歌の1オクターヴ開き部に入る。しかし、三線と声の音高間隔が開いたとは言え、旋律はまだ狭い音域の短3度内で動き続ける(*13/3~22/4*)。上一と上二の歌詞部分が終わったら(*29/2*)、40拍の囃子詞(24拍)と合の手(16拍)で反復部が終わる。

　下句は下一、下二、下三と3小句で構成されている。相変わらず短3度内の動きを中心に旋律が進行するが、下一4の途中から(*89~92*)音域はようやく開き、7度の次第下げ(*92/3*)を取り入れる。下一のその後の展開はこの曲のヤマ場であり、最も特徴的な部分である。下一5の後、20拍の合の手(*95~99*)があり、それに続いて声明の歌唱法に基づいたと思われる反復音形(*100~101*)が登場するが、そのすぐ後、単3度の旋律進行にまた戻る(*102/4~106*)。声明の影響を受けた短い音形はその後1オクターヴ上で再登場して(*108~109*)、歌の旋律はいきなり最も高い音域に入る(*110~113/2*)。これまでの旋律進行は極めて狭い音域内に展開しているので、それと打って変わって広い音域に移ることで非常に印象的で、劇的な効果がある。

　下二は*116*から始まるが、歌詞の対語的特徴(「あぬはな／くぬはな」)を強調させるかのように、「くぬ」は強迫(*120/1*)に当たり、対句的な旋律構造になる。下二のこの楽節(16拍＋12拍＝28拍、*116~122*)は独特であり、間奏的な印象を与える。

　下三は下一に戻り、歌詞の振り方にはわずかな違いはあるが、旋律は下一と変わらない。昔節の場合、下句の最後に反復部分があれば、上句の後半から反復するのが一般的であるが、「昔蝶節」の場合、下三の旋律は下一の反復であるという意味で、「昔蝶節」は例外的な構成をもつ曲であると言える。

長ぢゃんな節（ながじゃんなぶし）

(全491) 首里天ぎやなしももとわれちよわれお真人のまぎり拝ですでら
(百400) 首里天か那志百年われ長われ御万人の間切拝て巣出ら
　　(訳) 首里にいらっしゃる国王様は、千年も末永くましませ。村々の民衆は挙って王を拝し、お恵みに浴びましょう。
　　(野) しゅゆいてぃんじゃなし／とぅむむとぅゆちょわりヨンゾジャンナヨ／／うまんちゅぬまじりヨ／うぅがでぃすぃでぃらヨンゾジャンナヨ
　　(口) Shuyui tinjanashi / Tumumutuyu chowari *yo nzo janna yo* // Umanchu nu majiri *yo* / Wugadi sidira *yo nzo janna yo*
　　(英) May the great king in Shuri reign for a thousand years and more. May the commoners in their village bask in his beneficence.

　「長ぢゃんな節」は「ぢゃんな節」の拡張版であり、両曲は形式が同じであるだけではなく、旋律進行の骨格も基本的には同じである。旋律進行、楽節の長さなど、「長ぢゃんな節」の拍数は「ぢゃんな節」のおおよそ2倍であり、「ぢゃんな節」をもとに「長ぢゃんな節」は細かい計算で意識的に作曲された曲であると思わざるを得ない。

　大昔節五曲のなかで上二は上一の完全な反復ではない曲は「長ぢゃんな節」だけである。上句は92まで続くので、曲全体の旋律素材のほとんどは上句で呈示されており、下句でしか現れない素材は16拍（*103~106*）だけである。下句の旋律素材は上句の囃子詞（*75/3~84*）の旋律に基づいている。

　上一と上二の旋律の最初の8小節（32拍、*2~9、42~49*）は同じであり、それに続く三線と歌の1オクターヴ開き部は上一にしか現れない。「長ぢゃんな節」のこの部分は昔節のなかで最も長く、ちょうど100拍続く。その後の上二の歌詞は「とぅむむとぅゆ」（百年）で続くので、これは計算された拍数なのか、それともただの偶然なのか分かりようがない。上二の旋律は*50*から上一の旋律から離れるが、声明の影響を受けていると思われる上一の主な動機である **C-B-C-B-B-B**（*3~4*）はその後も数回現れてくる。拍数を除けば、上二8のフレーズ（*67~69*）はそのすぐ前の上二6、7のフレーズ（*61~63*）とほぼ同じである。

　新しい旋律素材は上句の最後の囃子詞に取り入れられ（*75/3~84*）、この素材は下句の基本素材になる。上句と下句を区切る32拍の中奏の後、下一1～4（*93~102の42拍*）は上句の囃子詞部分とほとんど同じであり、わずかな違いしかない。狭い音域の経過的フレーズ（*103/3~106/4*）の後、下一6では上二6の楽節に戻る（*61、109*）。その後の下一の展開は、歌の節の細かい変化を取り入れながら、またちょうど100拍で上二の旋律と同じである。下二は上二の囃子詞と同じように始まるが（*75、123*）、下二3からは下一3と同じ旋律になる（*95、125*）。下二6から曲の終わりまでは上二8と同じ展開になる（*67、139*）。

「長ぢゃんな節」は670拍、「ぢゃんな節」は315拍の長さであるが、この2曲の形式や旋律上の類似性からいうと、「長ぢゃんな節」は「ぢゃんな節」を倍増した曲と解釈できる。両曲の冒頭ではこの関係が分かり易い。例えば、「長ぢゃんな節」の2~6（20拍）は「ぢゃんな節」の3~5（10拍）の骨格をそのまま踏襲していることが明らかである（「長ぢゃんな節」における4拍は「ぢゃんな節」における2拍に相当）。また、下句の前の中奏は「長ぢゃんな節」の場合、32拍であるのに対して、「ぢゃんな節」の下句の前の中奏は16拍である。反復法、各句末の囃子詞の入れ方など、両曲の形式はほとんど同じである。

　「長」を冠する曲は数曲あるが、その意味は必ずしも明らかではない。「長ぢゃんな節」の場合、それが分かり易く、「ぢゃんな節」を拡大させた曲という意味である。「ぢゃんな節」と「長ぢゃんな節」の関係は「本調子仲風節」と「今風節」とのそれと似ており、ただ後者の場合、「長」という字は使われていない。これら一対の曲の形式、構造や相互関係は極めて合理的で高度なものであるので、音だけに頼り口頭伝承的に発生したものであるとは考えにくく、計画的に記譜法を利用して作曲された曲である可能性が高い。「長ぢゃんな節」はかつての首里士族の高い音楽教養度を物語っている曲である。

仲節 (なかぶし)

(全521) けふのほこらしややなをにぎやなたてるつぼでをる花の露きやたごと
(百296) 今日の誇らしやゝ猶にきやな立る莟てをるはなの露ちやとこと
　(訳) 今日の嬉しさは何にたとえようか。莟んでいる花が露に会ったようだ。
　(野) きゆぬふくらしゃや/なうぅにじゃなたている//つぃぶでぃうぅるはなぬサトゥヨティバ/つぃゆちゃたぐとぅヨ｜ハイヤイチャシュガンゾヨティバ
　(ロ) Kiyu no fukurasha ya / Nawuni jana tatiru // Tsibudi wuru hana nu *satu yotiba* / Tsiyu chata gutu *yo* ｜ *haiya icha shu ga nzo yotiba*
　(英) To what may the happiness of this day be compared? To a budding flower on which dew has come to rest.

　「仲節」は古典音楽の全曲中、拍数と演奏時間において最も長い曲であり、沖縄の芸術音楽を代表する名曲である。全体的形式は他の大昔節とあまり変わらないが、各々の形式単位の展開は他のどの曲よりも複雑で、規模が大きい。音階は首里の士族の音楽とのつながりが強い1a型であり、全体的にこの音階の3度による旋律進行の傾向が極めて強い。歌詞は現在「かぎゃで風節」を連想する「きゆぬふくらしゃや」であるが、この歌詞は本来「仲節」の本歌であり、古典琉歌集では「仲節」の唯一の歌詞として、そのように分類されているのが常である。

　『欽定工工四』では歌持ちの表記は非常に独特であり、この表記の意図は必ずしもはっきりしない。テンポがまだ定まらないうちに、聞き手はこの変則拍子を察知することはできないが、演

奏家自身はそれを感覚的に受け止めることができるはずである。おそらく最初から不安定な拍節感をかもしながら、*2*のC（合）の音を*1*のC（工）とB（尺）の同音価の2音より少し（十六分音符程度）長く延ばすことによって*2*のC（合）の主音的役割を強調することが、この珍しい表記の目的だったのではないかと推測できる。ちなみに、四分音符で計るとこの歌持ちは5拍の長さであり、不安定でありながら、曲のその後の拍子はすでに予期されている。

　上句の構造は上一上二反復型であるが、下二の反復部の1箇所で旋律の収縮がある（*101~102*）。*8/3*で初めて登場するクダミ（強いアクセント）で始まる音形は15回も現れ、旋律の特徴の1つである。声と三線の上句での慣例的な1オクターヴ開きは*20*から始まるが、曲の大規模の構成から言えばかなり短く、*30/2*で終わる（40拍、上一4の途中から上一5まで）。上句（上一、上二）の後、72拍の三線独奏部があり（*46~62*）、左手による弾弦法がふんだんに利用されている。*59*での2回の「押下し」（ポルタメント）では規則的4拍子による拍節感はいったん遮られるが、その後すぐ復活する。

　下句は*121/4*から始まり、16拍（*123~127*）ほど上句と同じ旋律進行になる。その後、上句の「クダミ動機」を中心にした旋律進行が繰り広げられる（下一1〜5、*123~149*）。下一6（*151*）では*62*（下一1）に戻りそうであるが、そうではなく、いったんすぐ前のフレーズに戻る（*153/3~156/2*、*143~146/2*）。下一7のその後の旋律展開は非常に特殊であり、「階越し」（ケーグシ）という箇所がある。この「前の階越し」（*169*）の劇的効果は短い反復フレーズ（*164/3~167/2*）によって準備されており、このフレーズの最初の音を1回ごとに縮めることによって（*164/3~165/1*の3拍、*166/4~167/1*の2拍、*168/4*で省略）さらに強調されている。一般的に歌の旋律のC（工）から高音のF（七）への進行にはD（五）またはE（六）が経過音として間に立たなければならない。「階越し」の場合、その経過音を通らず、いきなり跳躍進行でCからFに上がる。「後の階越し」は*245*に現れ、ここでは経過音のD（五）は入るが、歌と三線の同音（F）は「前の階越し」と同じように劇的な効果がある。（*245*の場合、もし「階越し」がなかったら、*245/1*の歌の音高はFではなくE、2拍目でFに上がるはずである。）

　下二では、下一に戻り（*64*、*123*）、その後、*208*まで下一の反復になる。下二の長さは下一の半分弱である（下一252拍、下二113拍）。下二の後、長い三線独奏部があり（*211~241*）、*227/4~231/1*の14拍は上句での独奏部の*48/4~51/1*の反復である。

　「後の階越し」を中心にした楽節（*242~249*）の後半は非常に特殊であり、型破り的な性質を呈している。特に*249*は説明しにくいが、おそらく歌持ちとの関係があると思われる。すなわち、*249*での拍子外れの三線のC（合）はこの小節の3拍半で書かれており、これは歌持ちを5/4拍子で書き直すと、歌持ちのC（合）の位置と同じになる。この小節と歌持ち両方の型破り的な性質を考え合わせると、お互いに関係があるのではないかと思われる。

　この最後の歌の楽節の後、下句の後の三線独奏部のちょうど真ん中のところに戻り（*259*）、この後半部を弾いてから、曲が終わる。

　安冨祖正元の音楽美学論『歌道要法』によると、以前「早仲節」という面白い曲もあったが（「賞玩するふしなりしが」）、伝え失われたので、屋嘉比朝奇は「深くそれを惜で、唐工々四より工夫

して作り玉ふとかや」とある。さらに、1778年に書かれた阿嘉直識の遺言書には「はや中節は茶屋節同位のよき節に候処、稽古取付候砌、聞覚病気にて死去いたされ、習取らず断絶いたし、残念至極に存じ候」とあるが、聞覚は1753年に他界したので、屋嘉比朝奇に関する記述と同じ時期である。どういう曲であったか、または「仲節」との関係はどうだったかなどは不明である。「早仲節」は屋嘉比朝奇が活躍した18世紀半ばごろすでに失われ、この「賞玩」すべき「茶屋節同位のよき節」の詳細は知られていなかったようである。

十七八節 （じゅうしちはちぶし）

(全522) よすずめのなればあひちをられらぬ玉黄金使のにやきゆらとめば
(百32) 夕雀か鳴はあ居ち居りらん玉金使のにや来らとめは
　（ユスツメカナリハ　アイチヲラリ　キヨ）
- (混*) よすゞめかなれはありちをられらぬおめさとか使のにやきよらとめは
- (訳) 夕暮の鐘が鳴ると、居ても立ってもいられない、恋しい人の者がもうすぐ来るかと思えば。
- (野) ゆすぃずぃみぬなりば／あいちうぅらりらん／／たまくがにつぃけぬ／にゃちゅらとぅみばヨ
- (口) Yusizimi nu nariba / Aichi wurariran // Tamakugani tsike nu / Nya chura tumiba *yo*
- (英) The evening bell tolls and, oh, how ill at ease I feel when I think that a messenger will soon be coming from my beloved.

　琉球古典音楽の場合、歌詞の意味と音楽の内容との直接な関係は基本的には存在せず、極端に言えば、どんな歌詞をどんな曲に当てても構わないということである。古典琉歌集では、琉歌は節名別に分類されているが、ある節名のもとに集められた歌はすべて共通な詩情を表現しているかというと、決してそうではない。一般的には曲は歌を伝える媒体にしか過ぎず、音楽によって歌の内容を描写的に表現するということはほとんどない。ただ、大昔節の場合、事情は幾分違う。この5曲のうち、『琉歌全集』の分類法に基づいて「茶屋節」には1首、「昔蝶節」には2首、「長ぢゃんな節」には1首、「仲節」には1首、「十七八節」には2首の琉歌しかない。「かぎやで風節」の30首や「仲風節」の122首などとの際立った違いである。要するに、大昔節の場合、音楽と歌詞との密接な関係がある可能性があると考えられる。

　「十七八節」の場合、長年、曲の音楽的内容と歌詞の意味が混同されて、この曲は宗教歌それとも恋愛歌と考えるべきか、という不毛な論争が長い間続いていた。たびたびお葬式、追悼会など、厳かな儀式で演奏される曲であるだけに、「恋愛歌」という解釈はふさわしくないと考えるむきがある。この曲の音楽的内容から言えば、「十七八節」は明らかに仏教の歌唱法である声明からの要素を取り入れているが、だからといってこの曲は宗教歌であると決めつけることはできない。仏教と恋愛とは相容れないものであるという考え方は古い道徳観に基づいており、仏教的

無常観を象徴する極め付きなものはまさに恋愛であるので、仏教歌と恋愛歌の間には何の矛盾もないはずである。琉歌はあくまでも叙情歌で、世俗的な内容を持つジャンルであるということもあり、「十七八節」の歌詞は恋愛歌であるということは明らかである。歌詞の冒頭の「ゆすぃずぃみ」の意味は必ずしもはっきりしないが、「夜のしじま」という解釈もあり、首里の円覚寺で鳴らす鐘のことを指しているという説もある。「十七八節」のなかで梵鐘の響きを描写的に表現していると受け止められる箇所は3つあり（*90/1~90/3、111/1~111/3、130/1~130/3*）、音楽的に旋律の流れを遮って、区切りを付ける効果を生む。ちなみに、寺院で明け方に鳴らす鐘は「開静（ケージョー）」と呼ばれており、それに例えて、三線の古い名器も「開静」と呼ばれていた（「盛島開静」、「湧川開静」など）。古くから士族の音楽的感性では三線の音は梵鐘の響きを連想させる力を内蔵していたことを物語っている。

　「十七八節」の形式は大昔節の典型的「ソナタ風」形式（呈示部〈上一〉、呈示部の反復〈上二〉、展開部〈下一、下二〉、再現部）であるが、旋律も拍節も極めて特殊である。声明の影響と思われる節回しは曲を通して現れ、奇数拍子の多用により、拍節は他曲に比べて極めて自由という印象を与える。上句の1オクターヴ開き部は上一と上二の5から始まり（*11/4*）、6まで続く（*21/2、43拍*）。その後の声明の歌唱法のようなフレーズ（*22~28*）は縮小された形で下句に三回現れ（*85~90、106~111、119~121*）、曲の代表的楽節になっている。上一と上二の後の三線独奏部（*29~38*）は10小節の対句的構造になっており（*5/5小節、29~33、34~38*）、各5小節単位の始めの3小節は、最初の半拍以外はおなじである。

　下句では上句の旋律素材が展開されることになる。上句に比べて、下句は4度下の最低音から始まり（*77*）、*85*から上句のフレーズはまた登場するが、その2番目の小節（*23*）が省略されるという形で再登場し、梵鐘の響きを描写的に表現していると思われる最初の同音反復で終わる（*90/1~3*）。風変わりの合の手（*96~100*）の後、下一の後半が始まり（*101、下一6*）、「特別大掛け（うーがき）」という特殊奏法を取り入れた上句の代表的フレーズがまた現れ（*106/3~111/1*）、前回（*90*）と同じように梵鐘の響きの3音同音反復で終わる（*111*）。もう1つの例外的合の手（*111/4~115*）の後、下二は始まるが（*115/4*）、*119*から例の声明を思わせるフレーズの一部が登場し（*119/2~121/3*）、その後、旋律と拍節がそれまでの進行と打って変わって非常に安定した動きをするようになり、三線と歌が同じ動きをする特徴的2小節が現れる（*125~126*）。下二の最後のフレーズの最後の音として曲のたったひとつの囃子詞（「ヨ」）が置かれ、梵鐘の3打で終わる。三線による後奏（*131~139*）は上句の三線独奏部の4小節目（*32*）から始まり、曲の最後の2小節では、冒頭の歌持ちがまた現れる。

十二段

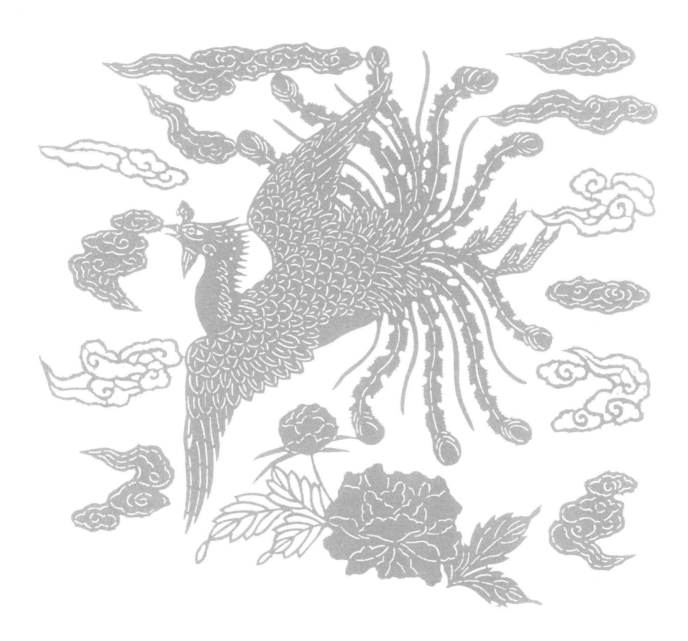

伊野波節

長伊平屋節

本伊平屋節

昔嘉手久節

真福地のはいちやう節

伊野波節 (にゅふぁぶし、ぬふぁぶし)

(全599) 伊野波の石こびれ無蔵つれてのぼるにやへも石こびれ遠さはあらな

(百38) 伊野波の石くへり無蔵列て登るにやへも石くひり遠は有な

(訳) 伊野波の石ころ道の坂は険しい所ではあるが、恋人と一緒に登ると、もっと長く続く道であってほしい。

(野) にゅふぁぬいしくびりアヌンゾヨ／んぞついりてぃぬぶるアヌンゾヨ／／にゃふぃんいしハイヤマタくびりアヌンゾヨ／とぅさわあらなヨ

(口) Nyufa nu ishikubiri *anu nzo yo* / Nzo tsiriti nuburu *anu nzo yo* // Nyafin ishi *haiya mata* kubiri *anu nzo yo* / Tusa wa arana *yo*

(英) The cobbled pavement in the village of Inoha is steep, but when I climb it with my beloved, I wish it would stretch yet further.

　現在、「昔節」は一般的に「前の五節」を指すが、『琉歌百控』が世に出た1800年ごろには「昔節」と「古節」という分類法があり、現在よりもはるかに多い曲が含まれていた。これ以前の分類法では「昔節」の範疇に属していた「伊野波節」は、形式や構造に関してはまさに昔節の雛形であるが、現在では昔節と大昔節と分類されている曲の形式を非常に簡潔な形で端的に呈示している。

　上句は上一上二反復型であり、変形のない完全な反復である。曲の旋律素材はほとんど全て上句の最初の2つの楽節 (*4/1~6/4、7/3~13/4*) で呈示されている。3番目と4番目の楽節 (*14/3~17/4、18/3~23/4*) の導入部は2番目の楽節 (*7/3~9/1*) に基づいており、この2番目の楽節では主音はCから4度上のFに移る。句の終わりの囃子詞のフレーズ (*24/3~26/4*) は上一、上二と下一の後に登場し、その導入部は上句の1番目の楽節の導入部を1オクターヴ下で再現している。

　下句は上句の1番目の楽節の導入部を5度下のFを主音にして始まるが、その後の展開は上句の2番目の楽節 (*7/3~13/4*) を、1オクターヴ下で、収縮した形になっている (*53/3~56/4*)。*57~64*の26拍は3度による音階 (1a) に基づいており、囃子詞の短いフレーズ (*62/2~63/4*) の最後の音でこの音階の最高音 (F、七) に辿り着く。6拍の合の手 (*64/1~65/2*) に続くフレーズは上句の最初のフレーズと同じように始まるが、3拍目 (*66/1*) から*73*までの32拍は上句の*19~26*の反復である。下句を導入した合の手 (*74/1~75/2、52/1~53/2*) の後、上句の冒頭のフレーズの導入部は、今回C (合) を主音に最低音域で現れ (*75/3*)、*82*までは上句の旋律の形を守りながら、収縮した形の展開になる。

　歌持ちのフレーズを除いて、「伊野波節」の拍節は終始4拍子である。古典女踊り「伊野波節」の出羽の踊で使われる曲であり、その場合、「恩納節」(中踊) と「長恩納節」(入羽の踊) と共に3部構成で演奏される。

長伊平屋節（ながいひゃぶし）

(全85) とれの伊平屋岳やうきやがてど見ゆる遊でうきやがゆる我玉黄金

(百36) 洋の伊平屋嶽や浮上てと見よる遊て浮上るわ玉金

(訳) 伊平屋多岳は凪いでいるとき美しく見え、私の恋しい人は踊っているとき際立って見える。

(野) とぅりぬいひゃヨンゾだきや／うちゃがてぃどぅヨンゾみゆる／／あすぃでぃうちゃヨンゾがゆる／わたまくがにンゾヨ

(口) Turi nu Ihya-*yo nzo*-daki ya / Uchagati du *yo nzo* miyuru // Asidi ucha-*yo nzo*-gayuru / Wa tamakugani *nzo yo*

(英) In calm seas Mount Iheya stands out in all its beauty. When dancing, my beloved stands out above all others.

『琉歌百控』では「永伊平屋節」と「長伊平屋節」の節名が見え、前者は「節物」（乾柔節流五段、独節流初段）、後者は「昔節」（覧節流三段）に分類されているが、同じ曲であろう。元々「長伊平屋節」は「御前風五曲」の真ん中の曲として演奏されていたが、文字通り「長い」曲なので、他の4曲とのバランスを考慮して、現在「辺野喜節」など、より短い曲が代わりに演奏されることが多い。

曲調は「伊野波節」と似ているが、この2曲のそれぞれの形式には共通点が少ない。上句は上一上二反復型ではなく、上二は上一4まで（3/3〜13/4）までの旋律素材を変形しながら展開する。上一は2つの大楽節に分かれており（3/3〜13/4、14/3〜22/4）、1番目の楽節の主音はC（工）からF（四）に下がるのに対して、2番目の楽節の主音はC（工）からF（七）に上がる。上二は上一と同じように始まる（24/3）が、すぐ4小節ほど（25〜29）新しい旋律素材が挿入される。29から上一の旋律に戻り、35/2までは、元の旋律の変形進行になる。

その後、上一のこの楽節の3小節（10〜12）が省略され、上二の旋律は上一の囃子詞の小節（13、35）に飛ぶ。切れ目なしに上二6に入り（36）、「伊野波節」の下句と同じように、主音はC（合、工）からF（四）に移る。次は長い反復部分になるが、形式的に極めて異例な形になっている。反復は上句と下句を跨がって上二6〜下一5、下一6〜下二6という形式になる。下句はちょうどこの反復部分の真ん中に始まり（46/3）、「伊野波節」と同じように歌持ちの変形で導入される。下二は反復部分のなかで下一と同じところで始まるが（69/3）、反復点において旋律が囃子詞で終わる（80）。

本伊平屋節（むとぅいひゃぶし）

(全563) 捨てる身が命露ほども思まぬあちやや母親の泣きゆらとめば

(訳) 捨てる身の命は露ほど惜しく思わないが、明日は母親が泣き悲しむがと思うと

(野) すぃてぃるみがヨンゾいぬち／つぃゆふどぅンヨンゾうまん／／あちゃやふぁふぁヨンゾうやぬ／なちゅらとぅみばンゾよ

(口) Sitiru mi ga *yo nzo* inuchi / Tsiyu fudu n *yo nzo* uman // Acha ya fafa- *yo nzo* -uya nu / Nachura tumiba *nzo yo*

(英) This life I lay down is to me a mere drop of dew. But when I think that tomorrow my mother will weep...

　「本伊平屋節」は「長伊平屋節」のバリアントであり、この2曲の間にわずかな差異しかない。『屋嘉比工工四』には「伊平屋節」という曲があり、「今風トモ云」と表記されており、譜は「今風節」のそれである。「今風節」は「本伊平屋節」と「長伊平屋節」とは全く無関係の曲なので、「長伊平屋節」は、「ぢゃんな節」と「長ぢゃんな節」との明らかな関係と異なり、「伊平屋節」を「長く」した曲ではない。では、この場合の「本」と「長」の意味はどう解釈すれば良いのか。残念ながら、その意図ははっきりしない。「本伊平屋節」と「長伊平屋節」はほとんど同じ長さ（拍数）であるので、「長伊平屋節」は「本伊平屋節」より長いとは言えない。さらに、『屋嘉比工工四』には「本伊平屋節」の節名はないが「長伊平屋節」があるので、「本伊平屋節」は原曲であるとも言えない。

　「本伊平屋節」（以下「本」）の歌い出しは「長伊平屋節」（以下「長」）より1オクターヴ低く、7から旋律が合流する。「長」の16~17は「本」で省略されており、この8拍の旋律の省略とそれに続く「本」の17の変形がこの2曲のたった1つの重要な違いである。44での歌の旋律は「長」より4度下で始まるが、6拍後（45/4）「本」と「長」の旋律はまた合流する。その次の歌のフレーズは、「長」の場合（52/2~57/2）切れ目なく歌うが、「本」の場合（50/2~55/2）2つに分かれている（52）。両曲の反復法は同じである。

昔嘉手久節（んかしかでぃくぶし）

(全450) もいこ花こ花ものも言やむばかり露にうち向かて笑て咲きゆさ

(百11) 盛花はな小花ものも言ぬ計り露は打向て笑て咲さ
　　　　　　　　　　　　　　イヤン

(訳) ジャスミンの小さな花が、ものでも言いたげに、露に打ち向かって笑み咲いている。

(野) むいくヨばなくばなヨ／むぬンヨやンばかいヨ／／つぃゆにヨうちンかてぃヨ／わらてぃヨさちゅさンゾヨジャンナヨ

(口) Muiku- *yo* -bana kubana *yo* / Munu n *yo* yan bakai *yo* // Tsiyu ni *yo* uchi-nkati *yo* / Warati *yo* sachusa *nzo yo janna yo*

（英）The tiny jasmine blossoms seem almost to be speaking. Facing towards the dew, they smile as they come into bloom.

　「嘉手古節」という節名は『琉歌百控』にある（乾柔節流初段、覧節流十二段、「古節」）。欽定工工四にはその節名をもつ曲はないが、「昔嘉手久節」と「本嘉手久節」という2曲がある。しかし、「嘉手古節」の歌詞として『琉歌百控』に載せられているものは、現在歌われている「昔嘉手久節」の歌詞なので、この「嘉手古節」はほとんど確実に「昔嘉手久節」のことであろう。

　各句（上一、上二、下一、下二）反復型であるので、歌の旋律は短く、11小節（46拍）で収まる。6での断片的な音形は歌の旋律の要素として特に珍しい。同じ旋律を4回演奏してからコーダとなる囃子詞の旋律が現れ（51~55）、曲の真ん中のフレーズ（7/1~10/2）と同じ旋律である。三線による後奏は55から始まり、最後の歌持ち（58~59）まで14拍のフレーズでできている。このフレーズ（歌がまだ続いている54/3から）は5/2~6/4の三線パートの骨格を保っている変形であり、それに続く6拍子の小節はこの短い旋律と歌持ちのブリッジとなっている。

真福地のはいちやう節（まふくじぬふぇーちょーぶし）

（全443）真福地のはいちやうや嘉例なものさらめいきめぐりめぐり元につきやさ
　（百9*）真福木の拝長行廻り廻りくまに根さそ又廻り廻り元に根差そ（拝朝節）
　　（訳）真福地の盃は縁起の良いものである。めぐりめぐって、また元のところへ返ってきた。
　　（野）まふくじぬふぇちょやウミシュラヨ／かりなむぬさらみウミシュラヨ／／いちみぐいみぐいウミシュラヨ／むとぅについちゃさウミシュラヨ
　　（ロ）Mafukuji nu fecho ya *umi shura yo* / Kari na munu sarami *umi shura yo* // Ichi-migui migui *umi shura yo* / Mutu ni tsichasa *umi shura yo*
　　（英）The liquor cup of Fukuji is indeed an auspicious thing. Round and round it goes before arriving back where it started.

　「真福地のはいちょう節」は「こてい節」と同じく祝儀曲であり、形式や旋律進行において両曲は似ているので、同じ曲の2つのバリアントと考えられる。「真福地のはいちょう節」の現在の歌持ちは「こてい節」の歌持ちと2音を除いて同じであるが、『屋嘉比工工四』ではもっと単純な形の「工尺工〇合老四〇」になっており、4拍目と8拍目の八分音符はない。「真福地のはいちょう節」は「こてい節」より短い曲なので、「こてい節」の旋律を短縮しながら変形させている。上二の歌い出し（27）は上一より1拍短いが、その後、句末の囃子詞も含めて、上二は上一の完全な反復である。下一の1~4（28/1~30/3）は「こてい節」の下一の出だしとほとんど同じであり（「こてい節」

における41/1~43/3)、36/3まで「こてい節」の旋律を変形させながら進行している。30/4からのC（工）からE（老）の短6度の下行跳躍は「こてい節」の44/3から45/2への省略進行に相当する。その次の2小節（32~33）は「こてい節」の囃子詞の部分（46）に相当する。「こてい節」の48~49に対応する旋律がなく、35/1~36/3は「こてい節」の50/1~51/3に相当する。43/3~45/2は「こてい節」の54/1~56/2に相当するが、その後の展開は「こてい節」から離れて、上句の最後のフレーズと合流し（45/3、13/2）、3句（上一、上二、下二）は同じ9拍の旋律で終わる。その後の「こてい節」の長い囃子詞の4拍前からの部分（59/3~70/4）に対応する箇所がなく、両曲の共通部分は「こてい節」の58が最後である。

　祝儀曲として「真福地のはいちやう節」は「本田名節」、「真福地のはいちやう節」、「揚高祢久節」という3曲組曲（一鎖（ちゅくさい））で演奏されることが多い。

十三段

仲村渠節

仲間節

通水節

つなぎ節

仲村渠節 (なかんかりぶし)

(全246) 仲村渠そばいどますだれは下げてあにあらはもとまば忍でいまうれ

(百52) 仲柄そはい戸真簾は提(サゲ)てあにやらわん思は参れ忍は

(訳) 仲村渠の裏戸のすだれが下がっていれば大丈夫だから、そうと思われたら忍んでいらっしゃい。

(野) なかんかりヨすべどぅスリ／ますぃだりわヨさぎてぃ／／あねらわんヨとぅまばスリ／しぬでぃいもりヨサユヨンナ

(口) Nakankari *yo* subedu *suri* / Masidari wa *yo* sagiti // Anerawan *yo* tumaba *suri* / Shinudi imori *yo sayu yo nna*

(英) All is clear when the rattan blind by the rear door of my house at Nakankari is lowered. Look first and come to me out of others' sight.

　「仲村渠節」は上下句反復型の曲であるが、上一と上二（または下一と下二）は囃子詞と6拍の合の手（18/1~19/2）によってはっきりと分かれている。上二4と下二4まで両句は同じ旋律であるが、5音目（25、51）から旋律が分岐する。上二の場合、上二4の途中（24）で冒頭の楽節を8から導入し、24/1から28/1まではこのフレーズの変形反復になる。それに対して、下二では、同じ冒頭の楽節の反復になっているが、8からではなく、フレーズの頭の小節の6からの反復になり、56/1まで冒頭のフレーズの25拍の旋律を反復する。つまり、6と8はほぼ同じ内容であるので、上二の24は8に当たり、下二の同じ小節である50は6に当たることになる。従って、下二のこの冒頭楽節の旋律からの借用は上二のそれより2小節先から行われているので、下句は上句より8拍長くなる。

　『屋嘉比工工四』では「仲村渠節」の歌持ちは現行のものではなく、「御前風2型」である。

仲間節 (なかまぶし)

(全390) わが身つで見ちどよその上や知ゆる無理するな浮世なさけばかり (尚敬王)

(混) 吾か身つてみちへと人の上やしよる無理するなうき世情はかり

(訳) わが身をつねって、他人の痛みはわかる。無理をするな。この世は人情が大切だ。

(野) わがみつぃでぃんちどぅ／ゆすぬうぃやしゆる／／むりすぃるなうちゆ／なさきばかいヨンナ

(口) Wagami tsidi nchi du / Yusu nu wi ya shiyuru // Muri siru na uchiyu / Nasaki bakai *yo nna*

(英) By pinching ourselves we understand the pain of others. Let things take their course: compassion is all we need to make our way through this fleeting world.

「仲間節」は通作型の曲であり、楽節の反復がない。曲は5つの大楽節に分かれており、第1楽節(*3/2~10/2*、30拍)は上一に当たり、第2楽節(*11/1~15/2*、22拍)は上二に当たる。下句は3つの楽節に分かれており、上句と違い、1句1楽節の関係がもうない。第3楽節(*16/1~18/2*、12拍)は相対的に短いフレーズであり、上句の2つの楽節の約半分の長さなので、対照的な効果を生み出す。この3番目のフレーズは下一の1~5の5音に当たる。第4楽節(*19/2~25/2*、24拍)は下一と下二に跨がり、下一6から下二4までの7音に当たる。第五楽節(*26/1~28/2*、14拍)は下二の最後の2音(下二5~6)と囃子詞(3音)でできているので、偶然であろうが、下句の3つの楽節の音数は短歌の上の句の5-7-5音と同じ音の振り分けになる。

　「仲間節」は非常に形が整った曲であり、上句の規則性に対して、下句における歌詞と楽節のずれは曲に変化を与える。因みに、「仲間節」は基本的には「金武節」と同じ曲であり、後述の「述懐節」に例えれば、「金武節」に対して「下出し金武節(さぎんじゃ)」と呼ばれてもおかしくない曲である。

金武節 (ちんぶし)

(全124) こばや金武こばに竹や安富祖竹やねや瀬良垣に張りや恩納
 (百93) 莆(クバ)や金武莆に竹や安富祖嶽(ダケ)やねや瀬良垣に張(ハイ)や恩納
  (訳) 蒲葵(くば、ビロウ)は金武の蒲葵がよく、竹は安富祖の竹が良い。竹の骨組みを作るのは瀬良垣が良く、蒲葵笠の張りは恩納が良い。
  (野) くばやちんくばに／だきやあふすだき／／やにやしらかちに／はいやうんなヨンナヨ
  (口) Kuba ya Chin kuba ni / Daki ya Afusu daki // Yani ya Shirakachi ni / Hai ya Unna *yo nna yo*
  (英) [When making a bamboo hat] Kin is best for palms and Afuso is best for bamboo. Seragaki is best for bamboo frames and Onna is best for attaching the palm leaves.

　「金武節」は「仲間節」に少し変化を与えた曲であり、この2曲は基本的には同じ曲の2つのバージョンである。両曲の第1楽節(30拍)の最初の23拍の旋律(「仲間節」では*3/2~8/2*、「金武節」では*3/1~7/4*)がそれぞれ大きく違うだけで、両曲のその後の旋律の展開は、歌の節回しや三線の手の細かい違いはあるが、ほとんど同じである。1箇所だけ注目すべき違いがあり、それは「仲間節」の第2楽節のなかの2拍(*14/5~6*)は「金武節」では省略されているということである(13)。

　「金武節」と「仲間節」は基本的には同じ曲であるにもかかわらず、『琉歌百控』では「名嘉真節」は「昔節」、「金武節」は「葉節」と分類されている。おそらく「仲間節」は原曲という意味であろう。『屋嘉比工工四』では「金武節」の歌持ちは現行のものではなく、「仲間節」と同じ「御前風1型」であるので、以前、両曲の共通性はさらに明白であったはずである。

通水節（かいみずぃぶし）

(全564) 通水の山や一人越えて知らぬ乗馬と鞍と主と三人
(百37) 通水の山や独い越て知らぬ乗馬と鞍と主と三人
  (訳) 通水の山は一人で越えても知る者はない。知っている者は乗馬と鞍と主の三人である。
  (野) かいみずぃぬやまや／ふぃちゅいくぃてぃしらん／／ぬぃんまとくらとぅ／ぬしとぅヨみちゃいサヒヤリヌヨンゾシュラトゥヨミブシャ
  (口) Kaimizi nu yama ya / Fichui kwiti shiran // Nui mma tu kura tu / Nushi tu *yo* michai *sa hiyari nu yo nzo shura tu yo mibusha*
  (英) No one knows I have crossed Kaimizu hill on my own, only my horse, my saddle and I.

　『琉歌百控』では「通水節」と「長伊平屋節」は「伊平屋嶋」から出た歌（この場合、「歌」は歌詞のことか、それとも曲のことかはっきりしない）としているが、この共通由来を反映して、この2曲の旋律は非常に似ている。ただ、形式などの違いを考えると、同曲の別のバージョンと決めつけることはできないであろう。

　上一は2つのフレーズで構成されており（4/1~9/4、10/3~14/4）、「長伊平屋節」と同じように歌は上一7で高音域（「七」）に入り、このフレーズは両曲で同じように終結する。その後の上一と上二をつなぐ6拍の合の手も両曲において同じである。上一と上二には共通の旋律はなく、上二は29/2で終わる。最初の反復は下一3の途中で行われ（31）、上二3に戻る。

　下二は42/4で始まり、すぐ最低音域に入る。それに続く46/1~48/4（下二4~5）の12拍は18/1~22/4の20拍の短縮された形（32と34の8拍を省いて）の同旋律である。下二の後の囃子詞（51から）は上二6の旋律に戻り、下句は3拍のコーダ（64）を付けて、上句と同じ旋律で終わる。

つなぎ節（つぃなじぶし）

(全452) あたり苧やうみやりはたえん布織やり玉黄金里が御衣よすらね
  (訳) 屋敷内に植えた芭蕉を紡いで素晴らしい布を織り、恋人に着物を作ってあげたい。
  (野) あたいうぅやヨんみゃい／はてンヨぬうやいヒヤヨシュラジャンナヨ／／たまくがにさとぅがシュラ／んしゅゆヨすぃらにヒヤヨシュラジャンナヨサティンゾシュラジャンナヨ
  (口) Atai wu ya *yo* mmyai / Haten *yo* nunu uyai *hiya yo shura janna yo* // Tamakugani satu ga *shura* / Nshu yu *yo* sirani *hiya yo shura janna yo sati nzo shura janna yo*
  (英) Spinning yarn from the banana tree in my garden and weaving fine cloth, I shall make a cloak for my beloved.

「つなぎ節」は通作型の曲であり、楽節の反復がない。拍節には全曲を通して2次的レベルでの2（4/4拍子）と3（6/4拍子）の交替があり、旋律進行に迫力を与える。上句と下句は囃子詞で分かれており（*15/3~18/2*）、下一は*19/1*で始まる。下二のフレーズが始まる3拍前からの旋律（*23/5~26/2*、11拍）は上二のフレーズが始まる3拍前からの旋律（*8/3~11/2*）の4度下の平行進行である。下二のすぐ後の囃子詞（*29/5~31/2*）は上二の後の囃子詞（*16/3~18/2*）と同じであるが、下句の場合、さらに12拍の囃子詞が付けられている（*32/1~34/2*）。*32/1~32/4*の4拍は上句の*15/3~16/4*の4拍の変形音形であり、その後（*32/5~34/2*）、上句と同様に（*16/4~18/2*）歌が終わる。

　「つなぎ節」は女踊りの「芋引き」の本踊りで使われる曲である。踊りは2曲構成であり、入羽の踊では「清屋節」が使われる。

十四段

本部長節

石ん根の道節

永良部節

東細節

比屋定節

本部長節（むとぅぶながふし）

(全1082*) 地頭代主司たりめお取次しやべら首里がなしみやだいり夜昼もしやべむあまん世の
　　　しのぐおゆるしめしやうれ（恩納なべ）

(百108*) 地頭代主したり前御取次しやへら余万世の神遊(シヌグ)よるち給れ

　(与) けんしや（検者）しゆしたりめお取次しやべら御主加那志奉公夜昼もしやべんあまん世
　　　のしのぐ御免よめしよれ

　(訳) 検者（間切番所に首里から赴く監督役）様、みんなの願いをお取り次ぎしましょう。首
　　　里国王様のご奉公は昼夜かけて励みますので、神代からのシヌグ遊びはお許しください。

　(野) ちんしゃしゅしヨたりめヨヤリヤ／うとぅいつぃじしゃびらサハイスリヨ／／うしゅが
　　　なしヨめでいヨヤリヤ／ゆるふぃるんしゃびんサハイスリヨ／／あまんゆぬヨしぬぐヨ
　　　ヤリヤ／うゆるしゆみしょりサハイスリヨ

　(ロ) Chinsha shushi- *yo* -tarime *yo yari ya* / Utui-tsiji shabira *sa hai suri yo* // Ushuganashi *yo* medei
　　　yo yari ya / Yuru firu n shabin *sa hai suri yo* // Amanyu nu *yo* shinugu *yo yari ya* / U-yurushi
　　　yu mishori *sa hai suri yo*

　(英) Let me convey the wishes of us all to the venerable inspector. Please allow us to hold the *shinugu*
　　　festivities that have been passed on to us since ancient times, for we will continue to serve the king
　　　in Shuri day and night.

　「本部長節」は「長歌」を歌詞とする数少ない曲のひとつである。「昔蝶節」の歌詞は2句の8/8//8/8/6形式の「長歌」であるのに対し、『欽定工工四』に載っている「本部長節」の歌詞は3句（上句、中句、下句）の8/8//8/8//8/8形式である。「本部抛節」という節名は『屋嘉比工工四』にも『琉歌百控』（乾柔節流、覧節流）にもあるが、歌詞は「長歌」ではなく、普通の8/8//8/6琉歌形式である。また、『屋嘉比工工四』のなかの「本部抛節」は『欽定工工四』の「本部長節」と基本的には同曲であるが、この2つのバージョンの旋律は下句ではかなり違っており、この「長歌」を歌詞とするバージョンの由来は不明である。

　曲の旋律は上句の8/8で終わり、中句と下句は同じ旋律を反復することになるので、3番までの有節型と分類することができる。ただ、「長歌」は閉形式であるので、上（中）下反復型の形式であると考えるべきである。8/8の区切りは*12*にあるが、歌持ち以外、旋律素材の反復はない。

石ん根の道節（いしんにーぬみちぶし）

(与) 石ん根の道から寺の側までも主部衆や先から美女は後から張水におりて船元に登て片手しや首抱き片手しや酌とて目のしゃいや主の前池間崎見送らへ肝しゃいや主の前沖縄まで送ら

(野)

1) いしんにぬヨ／みちから／てぃらぬすばハリまでぃん／アガスミャヨハリウネ／サンサチウネシタ

2) ぬしびしゅやヨ／さちから／みゃらびやあハリとぅから／アガスミャヨハリウネ／サンサチウネシタ

3) はりみじにヨ／うりてぃ／ふなむとぅにハリぬぶてぃ／アガスミャヨハリウネ／サンサチウネシタ

4) かたてぃしやヨ／くびだき／かたてぃしやハリしゃくとぅてぃ／アガスミャヨハリウネ／サンサチウネシタ

5) みぬしゃいやヨ／しゅぬめ／いちまさちハリみうくらい／アガスミャヨハリウネ／サンサチウネシタ

6) ちむしゃいやヨ／しゅぬめ／うちなまでぃハリうくら／アガスミャヨハリウネ／サンサチウネシタ

(訳)

1) 石嶺の道から寺の側まで、

2) 男達は先から、女達は後から、

3) 張水の港に下りて、船元に登って、

4) 片手では首を抱き、片手では酌をして、

5) 目では主の前を船の見える池間崎まで見送り、

6) 心では沖縄まで見送りましょう。

(ロ)

1) Ishinni nu *yo* / Michi kara / Tira nu suba *hari* madi n / *agasumya yo hari une* / *san sachi une shita*

2) Nushibishu ya *yo* / Sachi kara / Myarabi ya a- *hari* -tu kara / *agasumya yo hari une* / *san sachi une shita*

3) Harimiji ni *yo* / Uriti / Funamutu ni *hari* nubuti / *agasumya yo hari une* / *san sachi une shita*

4) Katati shi ya *yo* / Kubi daki / Katati shi ya *hari* shaku tuti / *agasumya yo hari une* / *san sachi une shita*

5) Mi nu shai ya *yo* / Shu nu me / Ichima-sachi *hari* miukurai / *agasumya yo hari une* / *san sachi une shita*

6) Chimu shai ya *yo* / Shu nu me / Uchina madi *hari* ukura / *agasumya yo hari une* / *san sachi une shita*

（英）

1) From the path at Ishimine [on Miyako Island] to close by the temple,
2) With the men at the front and the women behind,
3) We go down to Harimizu shrine and climb up to the harbour,
4) Holding the neck of the liquor jar with one hand and pouring with the other,
5) With our eyes we see off as far as Cape Ikema the ship carrying our master,
6) While in our hearts we see him off as far as Okinawa.

『欽定工工四』以来の工工四には八重山系の歌（音楽と歌詞）は多いが、宮古群島から取り入れられた歌（歌詞のみ）は「石ん根の道節」だけである。歌詞は宮古島のアーグである「石嶺の小道」（『南島歌謡大成Ⅲ宮古篇』、313頁）を元にしてできたものであるが、曲自体は首里系のものである。アーグは短歌系の歌形ではないので、「石ん根の道節」は有節形式の曲と考えるべきである。歌詞の各番は4つのフレーズに分かれており、*19*からアーグの代表的囃子詞が続く。各句の最後の囃子詞の旋律は9拍目から（*21/1～26/1*の21拍）、3番前のフレーズの9拍目から（*11/1～16/1*）の反復である。

「石ん根の道節」は「石嶺之道節」という題で『屋嘉比工工四』に集録されているので、古くから首里系の歌三線のレパートリーに取り入れられていたようである。ただ、『屋嘉比工工四』の「石嶺之道節」の歌詞は琉歌であり、宮古系の歌謡ではなく、「石嶺の小道」との関連がない。『琉歌百控』（独節流、覧節琉）には「石根節」という節名があり、同じ曲と思われるが、これもアーグではなく、琉歌系の歌が載せてある。

永良部節（いらぶぶし）

（全2697）秋ごとに見れば庭のませ内にうれしこときくの花に宿かゆる露の玉みがく月かげのきよらさ

（訳）秋ごとに見ると、庭のませ垣の内に、嬉しいことを聞くという菊の花が咲いて、その菊に宿を借りている露の玉を磨くようにして照り渡る月の光もまた美しい。

（野）あちぐとぅにサヒヤリヌみりばヨ／にわぬますぃうちにヨうちにヨエ／／うりしぐとぅサヒヤリヌきくぬヨ／はなにやどぅかゆるヨかゆるヨエ／／つぃゆぬたまサヒヤリヌみがくヨ／つぃちかじぬちゅらさヨちゅらさヨエ

（口）Achigutu ni *sa hiyarinu* miriba *yo* / Niwa nu masi uchi ni *yo* uchi ni *yo e* // Urishigutu *sa hiyarinu* kiku nu *yo* / Hana ni yadu kayuru *yo* kayuru *yo e* // Tsiyu nu tama *sa hiyarinu* migaku yo / Tsichikaji nu churasa *yo* churasa *yo e*

（英）Looking every autumn, what a pleasure it is to see chrysanthemums blooming inside the garden fence. How beautiful too is the bright moonlight as it polishes the dewdrops.

　「永良部節」は「昔蝶節」と「本部長節」と共に、標準的琉歌形式ではなく、「長歌」形式の歌詞を使う曲の1つである。「永良部節」の場合、歌詞の基本形式は8/8//8/8//8/8であるが、各句の最後の3音が反復されるので、8/11//8/11//8/11という構成になっている。「本部長節」と同様、曲の旋律はすべて上句で呈示されており、中句と下句は上句の反復になる。この曲の大きい特徴は曲と歌詞の変則的関係にある。他のほとんどの曲の場合、旋律に大きい区切りがあれば、それは歌詞の上句と下句、または上一と上二などの間に置かれているが、「永良部節」では曲の「上句」(*3~19*)は歌詞の上二5までの歌詞に当たり、歌持ちを挟んで(*20*)「下句」(*21~28*)は上二6~8に当たり、最後の3音が繰り返されることによって6音の大楽節になる。曲の第2大楽節の最初の12拍(上二6~8、*21/2~25/1*)は第1大楽節の上一6~8(*10/2~13/1*)の反復であるが、その後、別の展開になる。両大楽節は珍しい連続列弾(チリビチ)で終わる(*19/3~4、28/3~4*)。

東細節（ふぃがしくまぶし）

（全524）ひがしこま踊わがこなちおきやいえん都勢頭踊わがのともが
（百27）東細(ヒガシコナチ)踊り我懇ち置んみやこせと踊い我のとめが(ヲトリ)
　（訳）江戸のこま踊りを十分こなしてあるので、京都の勢頭踊りを私が何と思うものか。
　（野）ふぃがしくまうぅどぅい／わがくなちうちぇん／／みやくすぃどぅうぅどぅい／わがぬどぅみがシュラヨジャンナヨ
　（口）Figashi kuma wudui / Waga kunachi uchen // Miyaku sidu wudui / Waga nu dumi ga *shura yo janna yo*
　（英）Since I've fully mastered the *koma-odori* horse dance of Edo, the *sedo-odori* of Kyoto is simple for me.

　「東細節」は上一上二反復型であり、上句は4つのフレーズでできており、囃子詞がない。下一(27から)は独特な展開になり、上句の旋律との共通点がない。下一に続く*36~37*の8拍による合の手の基本音形(*36/1~3*)は上一／二の最後のフレーズ(*11~13*)での三線の旋律の一部(*12~13*)の音価を半分にしてできたものと思われる。下二は上句の冒頭の旋律に戻るが、3番目のフレーズの後(*46*)、この曲の唯一の囃子詞の楽節に移る。歌の最後の4拍での三線の手(*50/3~6*)は冒頭旋律での三線の手の一部(*6/3~7/4*)の音価をまた半分にしてできているものである。

比屋定節（ひゃーじょうぶし）

(全573) 後生の長旅や行きぼしややないらぬ母のためやてどほこて行きゆる
- (訳) 後生の長旅は行きたくはないが、母のためだからこそ喜んで行きます。
- (野) ぐしょぬながたびや／いちぶしゃやねらん／／ふぁふぁぬたみやてぃどぅ／ふくてぃいちゅる
- (口) Gusho nu nagatabi ya / Ichibusha ya neran // Fafa nu tami yati du / Fukuti ichuru
- (英) I have no wish to embark on the journey to the next world, but I shall willingly do so for the sake of my mother.

「比屋定節」は『屋嘉比工工四』に掲載されていないが、『琉歌百控』(独節流)には「比屋定節」という節名があり、「昔節」として掲載されている。その悲嘆の曲想や歌詞の侘しい内容のため、祝儀の場での演奏はタブーとされている。演奏時間が特に短い曲ではないが、1番の歌の拍数から言えば、全レパートリーのなかで最も短い曲である。歌の旋律は26拍の長さの1つだけの大楽節でできており、上一、上二、下一、下二で4回演奏されるが、4回目の下二で、2拍短縮される形になる。

歌持ちは変拍子で、4+3/4+3拍 (7/4拍子) という拍節構造になっている。歌の短さにもかかわらず、旋律は細かく修飾されており、例外的な「大掛け」は3回登場する。「掛け」は一般的には同音または隣り合わせの2つの音をつなぐ修飾的な役割を果たすが、「比屋定節」の場合、1回目の「大掛け」は5度離れた2つの音をつなぐ (5/3)、2回目は同音であるがいったん旋律を切ってから「大掛け」をかける (7/3~4)、3回目は4度離れた2つの音をつなぐ (9/3)、という演奏法である。旋律の音程は主に3つの四度枠が中心である (C-F〈合／四〉、G-C〈上／工〉と1オクターヴ下の〈毛／合〉)。歌は全体的に2拍子を中心に進行するが、7の3拍子 (3+3) の小節には楽節のちょうど真ん中での大きい区切りがあり、拍子の変化で楽節を2つに分割する効果を生み出す。

囃子詞がなく、三線の音は極端に少ない上、歌の旋律には声明の影響が感じられ、悲壮感漂う曲調になっている。

十五段

柳節

天川節

ちるれん節

高祢久節

揚高祢久節

柳節（やなじぶし）

(全910)柳はみどり花は紅人はただ情梅は匂

(百23)柳は翠花は紅人は只情梅は匂ひ
　　　　　　ミドリ

- (訳)柳は緑が、花は紅がよい。人のよさはひたすらに情けで、梅は匂いが大切である。

- (野)やんなじわみどぅりヒヤヨンナヨンナエイィヤエイィヤエイィヤエイィヤエイィヤエイィヤヨンナサヨンナ／はなわくれないヒヤヨンナヨンナユリティクユリティクユリティクユリティクユリティクヨンナサヨンナ／／ふぃとぅわただなさき／ンみわにうぅうぃヒヤヨンナヨンナヤナジワカズィニサスワリイトゥワスィダリティナビチュサ（柳は風に誘わり糸はしだれて靡ちゅさ）ヨンナサヨンナ

- (口) Yannaji wa miduri *hiya yo nna yo nna eiya eiya eiya eiya eiya eiya yo nna sa yo nna* / Hana wa kurenai *hiya yo nna yo nna yuritiku yuritiku yuritiku yuritiku yuritiku yuritiku yo nna sa yo nna* // Fitu wa tada nasaki / Nmi wa niwuwi *hiya yo nna yo nna yanaji wa kazi ni sasuwari itu wa sidariti nabichusa*（柳は風に誘わり糸はしだれて靡ちゅさ）*yo nna sa yo nna*

- (英) Willows are green, blossoms are red. The essence of man is compassion, that of the plum blossom its fragrance.

「柳節」は拍数から見ると、「仲節」に次いで古典音楽の最も長い曲である。歌詞は本来仲風形式の7/7//8/6であるが、上一の「やなじ」(柳)を「やんなじ」と発音することによって、実際には8/7//8/6という形式になっている。仲風形式の歌詞が使われる数少ない曲のなかで、たった1つ「仲風節」をテンプレートにしていない仲風系曲である。長い曲ではあるが、形式は昔節の典型である呈示部(上一上二反復)、展開部(下句の大半)、再現部(下句の終わりの部分)である。拍節は規則的であり、始終4拍子(2+1+1)が支配的であるが、数箇所で5拍子または3拍子の拍節単位もある。音階はほとんどの昔節と違って、1b型(Fが主音)が圧倒的に優勢である。全レパートリーのなかで最も長い囃子詞が含まれている、ということも「柳節」のもう1つの重要な特徴である。

多くの昔節系の曲と同じように、上一の2番目の大楽節辺りで歌は最高音域に入り(*14~22*)、その後、下一で最低音域に入る(*123*から)。上一ではすでに変形反復部分があり、*4/3~15/2*までの46拍は(ただし*7/1~9/2*の10拍を省き、*27/1~2*の2拍を新たに足して)*24/3~32/2*で繰り返されている。上一と上二の後(*46/3~60/4*、*107/3~121/4*の各58拍)で長い囃子詞が導入される。上一と上二の囃子詞の旋律は同じであるが、囃子詞自体の大部分は違う。

下一は*123*で始まり、*136/2*(下一5)までの50拍で新しい旋律素材が登場する。その後、フレーズの途中で(*136*)上句の*25*に戻り、76拍ほど(*155*まで)上句と同じ展開になる。*156*で再び*135*で始まる楽節に戻り、上句の*25/1~30/1*(21拍)の旋律の4回目の登場になる(*156/1~171/1*)。下二は*163*から下一と切れ目なく続くが、経過的役割を果たしている8拍(*163~164*)の後、下

一の冒頭のフレーズに戻る（*165~170/1*、*126~131/1*）。*170*では前小節（*169*）を繰り返してから、*171/3*ではまた下一の同フレーズに（*128/3*）に戻る。*181/1~2*の2拍の挿入に続いて、*182/3*から上句の囃子詞に戻り（*46、107*）、下句は上句と同じように終結する。

「柳節」は古典女踊り「柳」の中踊りで使われる曲であり、出羽の踊りの「中城はんた前節」に続いて演奏される。祝儀曲として「柳節」、「天川節」、「ちるれん節」という3曲組曲で演奏されることもある。

天川節（あまかーぶし）

（全538）天川の池に遊ぶおしどりの思羽の契り与所や知らぬ
（百26）天川の池に遊鴛鴦（アスフウシトリ）のおもえ羽の契（チキリ）り与所や知らぬ

(訳) 天川の池に遊ぶ鴛鴦のように深く契りあった二人の仲をだれも知りはしない。

(野) あまかわぬいちにハイヤシュラシュラシアマカヨヒヤテントゥテントゥ／あすぃぶうしどぅいぬハイヤシュラシュラシアマカヨヒヤテントゥテントゥ／／うむいばぬちじりアヌンゾヨ／ゆすやシュラタゲニしらんハイヤシュラシュラシアマカヨヒヤテントゥテントゥ

(ロ) Amakawa nu ichi ni *haiya shura shurashi amaka yo hiya tentu tentu* / Asibu ushidui nu *haiya shura shurashi amaka yo hiya tentu tentu* // Umuiba nu chijiri *anu nzo yo* / Yusu ya *shura tage ni* shiran *haiya shura shurashi amaka yo hiya tentu tentu*

(英) Bound together like the mandarin ducks frolicking [in intimate pairs] on Amakawa River, the pledges we have made to each other are known to no one.

「天川節」は『琉歌百控』の分類では「古節」とされており、「柳節」とともに1b音階が優位にたつ代表的な曲である。歌持ちは22拍の長さであり、「御前風型」歌持ちの拡張された形という趣がある。曲自体は「柳節」と密接な関係があり、形式、拍節、旋律の丸ごと引用を含めての旋律進行など、共通点が多い。

上句は上一上二反復という形式型であり、「柳節」と同様、相対的に長い囃子詞が含まれている。（因みに、「柳節」の上句の旋律素材の232拍のうち、囃子詞は58拍で2割5分を占めるのに対して、「天川節」の上句の旋律素材の154拍のうち、囃子詞は56拍で3割6分を占める）。両曲の2番目の楽節の高音部は形式的に同じであり、それに続く旋律（「天」*25/1~29/4*、「柳」*36/1~40/4*の20拍）は両曲では同じである。その後、「天川節」の上句では囃子詞は始まるが（*30*）、フレーズの始まりは「柳節」の*44*と同じであり、最後の16拍（*41~44*）は「柳節」の*66/3~70/4*までの旋律の変形である。

下句では、下一は上一と上二と同じ旋律であるが、上句では囃子詞が始まるところで（*30、74、139*）下一の旋律進行が以前の句と分かれて、別の囃子詞（*118~120*）の後、下二に入る

(122)。下一の旋律素材は「柳節」の旋律をほとんど原曲のまま導入している。123は「柳節」の35に当たり、「柳節」の35/4~36/3の4拍を飛ばして、123/4~127/4は「柳節」の37/1~40/4と全く同じであり、その後、「柳節」の41~43の12拍を飛ばして、132~135は「柳節」の44/1~46/1の変形旋律になる。ということは、下二の旋律素材はすべて「柳節」の35~46/1に基づいているということになる。下二の後の囃子詞(139~152)は上一と上二と同じである。

「天川節」と「柳節」の間にはこのような著しい類似点があるので、「天川節」は明らかに「柳節」を元にして成立した曲であると断定できる。「天川節」は古典女踊り「天川」の本踊りで使われる曲であり、それに続いて「仲順節」が入羽の踊で演奏される。

祝儀曲として「柳節」、「天川節」、「ちるれん節」という3曲組曲で演奏されることもある。

ちるれん節（ちるりんぶし）

(全395) 子孫そろて願たごとかなて大主の百歳お祝しやべら
- (訳) 子共や孫が揃って、願ったこともかなって、大主の百歳のお祝いをしましょう。
- (野) くわんまがするてぃ／にがたぐとぅかなてぃ／／うふぬしぬヨひゃくせ／うゆうぇしゃびら｜エサティムエクネヘ／チルリンチルリン／サヤチルリン／クヌヒョシヌナニガシ／アシュンドゥウドゥリバ／クネヘ／チルリンチルリン／サヤチルリン／サヤチルリン
- (口) Kuwa nmaga suruti / Nigatagutu kanati // Ufunushi nu *yo* hyakuse / Uyuwe shabira | *e sati mu ekunehe / chirurin chirurin / saya chirurin / kunu hyoshi nu nanigashi / ashundo wuduriba kunehe / chirurin chirurin / saya chirurin / saya chirurin*
- (英) Children and grandchildren assembled all together, our wishes fulfilled. Let us celebrate the centenary of the village elder.

「ちるれん節」は「智留連節」として『屋嘉比工工四』にあり、歌は『欽定工工四』に掲載されている「チルレン節」と同じであるが、歌持ちは「四乙合乙四尺上乙合」になっており、現行の歌持ちと別物である。『琉歌百控』には「ちるれん節」のような節名は見られないが、『琉歌全集』では、「ちるれん節」という節名のもとに掲載されている琉歌は、「琉歌百控」では「習節」という「昔節」の節名のもとに見られる。「習節」は「琉歌百控」にしか見られず、この節名の曲は伝承されていないので、「習節」はおそらく「ちるれん節」の別名と思われる。

「ちるれん節」の歌持ちは「天川節」の歌持ちの最後の6拍（5~6）の音形に基づいているように見える。上一と上二はそれぞれ一つの楽節で歌われ、旋律進行に共通点がない。下句は14で始まり、下一7で最高音域に達する。下二は19/2で始まり、下一との区切りがない。歌詞（琉歌）は88拍の長さであるが、それに続く長い囃子詞も同じ88拍である。歌詞と囃子詞は同じ長さの曲は「ちるれん節」だけである。23から始まるこの囃子詞の部分は極めて独特であり、それまでの旋律素材と関連がない。歌い方は三線の旋律との同時進行（「ベタ付け」）が特徴であり、1拍ずつ発音が

変わるフレーズが中心となる。*27/1~30/1*の13拍は*39/1~42/1*で繰り返される。*36/3~39/1*の13拍は「天川節」の*37/3~40/1*からの引用である。

「ちるれん節」は祝儀曲として「柳節」、「天川節」、「ちるれん節」という順序で、3曲組曲で演奏されることがある。

高祢久節、揚高祢久節（たかにくぶし、あぎたかにくぶし）

(全768) 高禰久に登て真南向かて見れば片帆舟と思めば真帆どやゆる
(百144*) 高根久に登て西向かてみれは片帆舟思は真帆とやよる
- (訳) 高祢久に登って真南のほうを向いてみると、片帆舟だと思ったものが真帆舟だった。
- (野) たかにくにぬぶてぃ／まふぇんかてぃみりば*ササ*／／かたふぶにでみば／まふどぅやゆる
- (ロ) Takaniku ni nubuti / Mafe nkati miriba *sasa* // Katafubuni demiba / Mafu du yayuru
- (英) Climbing the hill at Takaniku I gaze towards the south. A ship that I thought had but a single sail is revealed as a one with full rigging.

(高祢久節)

「高祢久節」の上句は*9/2*まで続いて、*6/1*での短6度の下行跳躍がこの曲の大きな特徴である。下句は*10*から始まり、*12/4~14/2*で上句の*4/4~6/2*の6拍が異なるフレーズのなかで繰り返される。その後、*18*から下句が反復され、下一3 (*19*) から1回目と同じ旋律進行になる。音階は始終1a型である。

(揚高祢久節)

「揚げ」には色々な意味があるが、「揚高祢久節」の場合、「揚げ」は原曲の4度上への移調という意味である。5度上移調された曲はあるが、その場合、調弦が変わり、「本調子」から「二揚げ」調にかわる。4度上移調の場合、調弦（本調子）は変わらないが、「左手中位」の1c音階になる。「揚高祢久節」はそのような曲であり、歌持ちは違うが、その後の旋律進行は「高祢久節」の正確な4度上への移調である。

十六段

干瀬節

子持節

散山節

よしゃいなう節

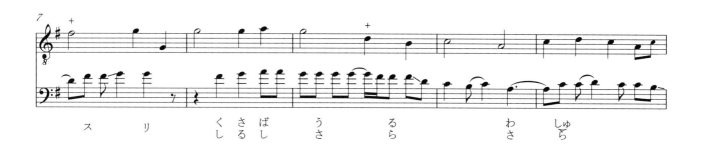

屋慶名節

百名節

干瀬節（ふぃしぶし）

(全1110) 里とめばのよでいやでいゆめお宿冬のよすが互に語やべら（玉城親方朝薫）

 (訳) 恋しい人と思えば、どうしてお宿を貸すことを断るでしょう。冬の夜のよもすがら互いに語り合いましょう。

 (野) さとぅとぅみばぬゆでぃヨ／いやでぃゆみうやどぅ／／ふゆぬゆぬゆすぃがヨ／たげにかたやびら

 (口) Satu tumiba nuyudi *yo* / Iya di yumi uyadu // Fuyu nu yu nu yusiga *yo* / Tage ni katayabira

 (英) Why do you reject my feelings and refuse to stay? Let us converse together through the long winter night.

　他の二揚げ独奏曲と同様、「干瀬節」の旋律素材は短く、形式も単純で、簡潔な上下句反復型である。2つの大楽節で構成されており、第1大楽節は上一と下一で歌われており（*3/2~9/2*の25拍）、第2楽節は上二と下二で歌われている（*10/1~14/2*）。第2楽節の後半（*11/1~14/2*の14拍）は第1楽節の*6/1~9/2*の変形であるので、第2楽節は第1楽節の変形型であると言える。

子持ち節（くぁむちゃーぶし）

(全612) 誰よ恨めとてなきゆが浜千鳥あはぬつれなさや我身も共に

(百349) 誰よ恨とて鳴か浜千鳥逢ぬ面難や我身も共に（高覆盆子節）

 (訳) 浜千鳥よ、誰を恨めしく思って鳴いているのか。逢えないでいるつらさは私だって同じだ。

 (野) たるやうらみとぅてぃ／なちゅがはまちどぅりヨ／／あわんつぃりなさや／わぬんとぅむとぅむにヨ

 (口) Taru ya uramituti / Nachuga hamachiduri *yo* // Awan tsirinasa ya / Wanun (tumu) tumu ni *yo*

 (英) For whom are you crying so bitterly, oh plover? I share with you the grief of separation.

　「子持節」と「干瀬節」の形式や旋律輪郭は似ているが、「干瀬節」の旋律の核音はG（「四」）であるのに対して、「子持節」の旋律の核音はC（工）である。上下句反復型の曲であるが、上一と上二（または下一と下二）の間に空きがなく、上一1から上二3までは1つの大楽節（24拍、*3/1~8/6*）になっている。*9~11*（14拍）は「干瀬節」の*10~14*（18拍）の変形である。

散山節（さんやまぶし）

（全659）まことかや実か我肝ほれぼれと寝覚め驚きの夢の心地（大川敵討）

（訳）本当のことか、真実のことか。我が心は呆然となって、まるで夢を見て、驚いて目覚めたような心地である。

（野）まくとぅかやじつぃか／ヤリわちむふりぶりとぅ／／にざみうどぅるちぬ／ゆみぬくくち　サユヨンナ

（口）Makutu ka ya jitsi ka / *yari* Wa chimu furiburi tu // Nizami uduruchi nu / Yumi nu kukuchi *sayu yo nna*

（英）Can it be true? Is this real? My heart is in a daze and I feel as if awaking in surprise in a dream.

　「散山節」は代表的な二揚げ独唱曲である。『琉歌百控』では「昔節」とされている（独節流十七段）。本調子の「本散山節」に基づいた曲であり、拡張などによって原曲を高度に翻案されたものである。「本散山節」は上下句反復型であるのに対して、「散山節」の下句は上句と同じ59拍の長さであるが、上句の旋律を大胆に変形させた形になる。上句 (3/1~16/4) は「本散山節」の上句 (3/6~16/4) と明白に対応しており、原曲の「本散山節」を本調子から二揚げ（5度上）へ移調して、その旋律の輪郭を守りながら進行している。

　第1楽節 (3/1~7/2) は「本散山節」の第1楽節 (3/6~7/3) に対応しており、「本散山節」のこのフレーズの特徴である2回のF（四）からC（合）への4度の下行進行 (5/4~7/3) は、「散山節」の場合、4拍の経過的音形によって修飾されている (4/3~7/2)。その次のフレーズは両曲では基本的に同じであるが、「散山節」の場合、「本散山節」の最初の囃子詞（「サ」）に対応する2拍が歌で省かれて、「ヤリ」という両曲共通の囃子詞で再び同じ進行になる。「散山節」の *12/2~14/5* (11拍) の旋律は最初のフレーズの一部の反復であり (*5/2~7/2*)、「本散山節」にはこれに対応する箇所がない。この11拍を省いて、*12/2* と *14/5* をつなげば、「本散山節」の同フレーズと同じ輪郭になるが、「散山節」の *15/1~4* は「本散山節」では省かれている。

　下句の第1楽節 (*17/2~22/4*) は *20/4* まで（15拍）上句と同じであるが、その後、6拍ほど延長され (*21/3~22/4*)、上句のその次のフレーズ (*7/4~10/2*) は下句では省かれている。*23/4~26/3* (12拍) は2回目の挿入句であり、その後、*28* まで上句とほとんど同じ旋律になる。*29~30* は「本散山節」の *17~18* の移調に当たり、最後の囃子詞（「サユヨンナ」）は両曲において基本的には同じである。

よしやいなう節 (ゆしゃいのーぶし)

(全715) 十日越しの夜雨草葉うるはしゆすおかけぼさへ御代のしるしさらめ

(百453*) 十日越の夜雨草葉潤す御掛報さゑ召る御世の印（揚作田節）
ウルハシヨス

(訳) 十日おきに夜雨が降って草葉を潤すのは、善政が行われている御代の印である。

(野) とぅかぐしぬゆあみナスリ／くさばうるわしゅすぃシャントゥシャリバユシャイノ／／
うかきぶせみゆぬナスリ／しるしさらさらみシャントゥシャリバユシャイノ

(口) Tuka gushi nu yuami *na suri* / Kusaba uruwashusi *shantu shariba yushaino* // Ukakibuse miyu nu *na suri* / Shirushi (sara-) sarami *shantu shariba yushaino*

(英) The rain that falls every ten days at night enriching leaves and grasses is a sign of the enlightened rule under which we live.

「よしやいなう節」は『琉歌百控』では「与舎江納節」と表記されており、「覇節」とされている（独節流十三段）。歌の最後の囃子詞から命名された曲である。音階は純粋なIIb型である。歌持ちは「散山節」など、数曲の二揚げ曲で使われている形式的なものである。拍節は歌の最初と最後の小節以外、単純な4拍子であるが、*4*と*15*の6拍子の拍節は曲に変化を与える。上下句反復型であり、3つの楽節で構成されている。下二では下二4～5（「さら」）を繰り返すことによって8音の句になる。ここで使われる囃子詞は他に例がなく、この囃子詞での三線と歌の同時進行（「ベタ付け」）はこの曲の重要な特徴である。

屋慶名節 (やきなぶし)

(全745) 親のためしちやる肝のあだならぬ神のお助けのあるがうれしや（玉城親方朝薫）

(訳) 親のためにした心があだにならないで、神のお助けがあるのが嬉しい。

(野) うやぬたみしちゃる／ちむぬあだならんイユヌシ／／かみぬうたすぃきん／あるがマタうりしゃイユヌシ

(口) Uya nu tami shicharu / Chimu nu ada naran *iyunushi* // Kami nu utasiki n / Aru ga *mata* urisha *iyunushi*

(英) My actions for the sake of my mother have not been in vain. How glad I am that the gods have come to my aid.

「屋慶名節」は「よしやいなう節」と極めて似ている。上下句反復型であり、2つの長い楽節でできているが、2つ目の楽節（*11/2~14/6*、17拍）は「よしやいなう節」の2つ目の楽節（*8/2~12/2*）と全く同じである。上一と上二（または下一と下二）の間には区切りがなく、「よしやいなう節」

との共通楽節は上二3（または下二3）の後に始まる。下二では、「マタ」という囃子詞を入れることで8音の句になる。

百名節（ひゃくなぶし）

(全738) 北谷まうしぎやねが歌声うち出せばなかべ飛ぶ鳥もよどで聞きゆさ
(百183) 北谷真牛金か歌声打出は中辺(ナカヘ)飛鳥や淀て(ヨトテ)聞さ
　(訳) 北谷真牛が歌声を出すと、空を飛ぶ鳥もとまって聞く。
　(野) ちゃたんもしじゃにが／うたぐぃうちじゃすぃば／／なかびとぅぶとぅいん／ゆどぅでぃちちゅさスリヨ
　(口) Chatan Moshi-jani ga / Utagwi uchi-jasiba // Nakabi tubu tui n / Yududi chichusa *suri yo*
　(英) When Mōshigane from the village of Chatan begins to sing, even the birds flying through the sky stop to listen.

「百名節」では「よしやいなう節」などの二揚げ曲と同じ形式的な歌持ちが使われている。上句と下句の間には4拍の区切りがあり（*10/3〜11/2*）、上句は上一と上二で2つの楽節にはっきりと分かれている。形式的な反復はないが、5で初めて登場する4拍音形はその後さらに3回現れ（*7、9、12*）、曲の重要な特徴のひとつになる。下一と下二の間には区切りがなく、1つの長い楽節で歌われる。下句における*13*でのこの曲のたった1つの6拍子の小節は、それに続く高音のフレーズの緊張感をさらに強める効果を生む。

十七段

七尺節

揚七尺節

白鳥節

浮島節

立雲節

さあさあ節

七尺節（しちしゃくぶし）

(全453) 七よみとはたいんかせかけておきゆて里があかいづ羽御衣よすらね
- (訳) 七読二十読の高級なかせ糸を掛けておいて、恋しい人のために蜻蛉の羽のような着物を織ってあげたい。
- (野) ななゆみとぅはてん／かしかきてぃうちゅてぃ／／さとぅがあけずぃばに／んしゅゆすぃらにサユヨンナ
- (口) Nanayumi tu haten / Kashi kakiti uchuti // Satu ga akezibani / Nshu yu sirani *sayu yo nna*
- (英) Reeling threads of varying thicknesses, I shall weave for my beloved a robe as delicate as the wings of a dragonfly.

「七尺節」は極めて単純な形式をもつ曲であり、それぞれ14拍と12拍の2つの楽節で構成されている。前楽節 (3/1〜8/4) は各句（上一、上二、下一、下二）の1〜6音で歌われており、後楽節 (6/1〜8/4) は上一、上二、下一の7〜8音で歌われる。下二は6音の句であるので、前楽節の後、後楽節を省いて、囃子詞でできているコーダ (24〜25) に進む。

「七尺節」は古典女踊りの「かせかけ」の中踊りと入羽で歌われる曲であり、出羽で演奏される曲は「干瀬節」であり、現在はこの2曲構成で演奏されるのが一般的であるが、昔は3曲構成で、入羽は「さあさあ節」または「百名節」で踊っていた。踊では「繰り返し返し」綛をかける動作があるので、旋律の反復が多い「七尺節」はうってつけの曲である。

揚七尺節（あぎしちしゃくぶし）

(全469) 涙より外にい言葉やないらぬつめて別れ路の近くなれば
- (訳) 涙より外にどんな言葉もない。別れる時が近づいてきたと思うと。
- (野) なみだゆいふかに／いくとぅばやねらん／／つぃみてぃわかりじぬ／ちかくなりばサユヨンナ
- (口) Namida yui fukani / Ikutuba ya neran // Tsimiti wakariji nu / Chikaku nariba *sayu yo nna*
- (英) There can be no words, only tears as the time draws nigh when we must part and go our separate ways.

すでに述べたように、「揚げ」には色々な意味があるが、主に本調子の原曲を4度上（本調子の「左手中位」）または5度上（二揚げ）へ移調するという意味で使われるのが多い。しかし、「揚七尺節」の場合、原曲は二揚げの曲であり、さらに上への移調は無理なので、「揚七尺節」と「七尺節」は共に同じ二揚げ調である。実際、この2曲の内容はほとんど同じである。「七尺節」は二揚げ曲として珍しく、高音域での旋律がない。「揚七尺節」では2箇所で高音域の旋律が取り入れられ、そ

れ以外、両曲の歌は全く同じである。この高音域の旋律は3拍だけでできており、上一の冒頭の3拍（3/2~4）と下二の冒頭の3拍（21/2~4）でみられる。その間に挟んである上二と下一の最初の楽節は「七尺節」と同じく、低い音域で歌い出される。「揚七尺節」と「七尺節」の歌持ちには共通点がない。

白鳥節（しらとぅいぶし）

(全1066) お船のたかともに白鳥がゐちやうん白鳥やあらぬ思姉おすじ

- (訳) 船の艫先に白鳥がとまっている。いや、あれは白鳥ではなく、おなり神である。
- (野) うにぬたかアシタリヌとぅむにヨ／しるとぅやがいぃちょん／／しるとぅややアシタリヌあらんヨ／うみないうすぃじ
- (口) Uni nu taka- *ashitarinu* -tumu ni *yo* / Shirutuya ga wichon // Shirutuya ya *ashitarinu* aran *yo* / Uminai usiji
- (英) A white bird has settled high up on the stern of the ship. No, it's not a white bird but rather an embodiment of the tutelary power of our sisters.

「白鳥節」はC（合、工）を主音にしたIIb型音階の曲である。上下句反復型の形式であり、他の二揚げ曲より旋律は少し長い。歌持ちは数曲で使われているものであり、歌の内容と直接なつながりがない。上一と下一の1～5は3つの短いフレーズで歌われており、5拍の囃子詞（12/4~13/4）に続いて6～8の3音が歌われる（14/1~17/4）。上二（下二）に入ると、それまでの規則的な4拍子の拍節の流れが3拍子の1小節の挿入（19、42）で遮られて、高音の旋律に変化を与える。下二はいつもの6音ではなく、変則的な7音になっている。しかし、上二と下二の旋律は同じであるが、最後のフレーズの歌い出しに発音の当て方は両句では少々違う（18~22、41~45）。

浮島節（うきしまぶし）

(全1260) 遊びぼしやあてもまどに遊ばれめ首里天ぎやなしお祝やてど

- (訳) 遊びたいが、日頃は遊ぶことができない。首里の国王のお祝いだから、遊ぶのだ。
- (野) あすぃびぶしゃあてぃん／まどぅにあすぃばりみ／／しゅゆうぃてぃんじゃなし／うゆうぇやくとぅ｜ハリガクヌサンサハリガクヌサンサ｜うゆうぇやくとぅ
- (口) Asibibusha atin / Madu ni asibarimi // Shuyuwi tinjanashi / Uyuwe yakutu | *hariga kunu sansa hariga kunu sansa* | Uyuwe yakutu
- (英) I long to sing and dance but I can't usually do so. I do so now because it's a celebration in honour of the king in Shuri.

「浮島節」は二揚げの形式的な歌持ちで始まり、歌に入ると、歌詞はすべて30拍で歌い終わる。上句は15拍（*4/2~7/4*）、下句も15拍（*8/2~11/5*）の2つの短いフレーズでできているので、全曲のなかで最も早く歌詞（琉歌）を全部歌い終わる曲である。しかも第2のフレーズは第1のフレーズの変形であり、第1のフレーズの2番目の4拍の小節（*5*）を省いて、最後に第1のフレーズにない4拍（*11*）を新たに付け加えることで歌詞部が出来上がる。次の8拍の囃子詞が繰り返され（*12~13、14~15*）、その後、下二の6音の歌詞の再登場（*16/1~18/2*）で歌が終わる。それに続く長い三線独奏部（72拍）があり、この曲の大きい特徴となる。器楽部に入ると、音階が変わり、A（上）の登場でIIb型の音階が優位になる。IIaの音階が優位の曲の場合、三線の「男弦」(ウージル)（I弦）はほとんど使われないが、IIb型の場合、C（合）、D（乙）とF♯（下老）はふんだんに使われる。奏法の面からみた大きい特徴は3回のCの音をいつものように「女弦」(ミージル)（III弦）の開放弦ではなく、「中弦」(ナカジル)（II弦）の「下尺」で弾くということである。

　その活発なテンポや長い器楽独奏部のため、「浮島節」は器楽合奏によく利用される曲である。

立雲節 (たちくむぶし)

(全724) あがり立つ雲や世果報しによくゆり遊びしによくゆる二十(はたち)めやらべ

　(訳) 東の空に湧き立つ雲は豊年を支度し、豊年踊りの支度をしているのははたち頃の娘たちである。

　(野) あがりたついくむや／ゆがふしにゅくゆい／／あすぃびしにゅくゆる／はたちみゃらびヨ

　(口) Agari tatsi kumu ya / Yugafu shinyukuyui // Asibi shinyukuyuru / Hatachi myarabi *yo*

　(英) The clouds rising in the eastern sky are portents of a plentiful harvest. The girls in their twentieth year are preparing for the festivities.

　「立雲節」は「百名節」とほとんど同じ構造であるが、上句の冒頭から高音域から歌い出すことは大きな特徴である。反復部分はなく、上一と上二はそれぞれ1楽節で構成されている。「百名節」と同様、上一と上二の楽節の後半（*4/2~5/5、7/4~9/1*）はほとんど同じであり、次の句とのつながり（上一→上二、上二→下一）は同じである。下句は9で始まり、「百名節」の下一の歌の異例な5度による跳躍進行は「立雲節」の下一の楽節の冒頭に登場する。下一と下二の間に切れ目はないが、下句は2つの楽節でできており、高音域に入る長い楽節は下一1から下二3（*9/1~13/4*、11音）まで続き、その次の短い楽節は下二の最後の3音と1音の囃子詞で構成されており（*14/2~15/6*）、上一と上二の楽節の最後の4拍を繰り返す。

さあさあ節（さあさあぶし）

(全751) 急ぎ立ち戻ら月も眺めたい里やわが宿に待ちゆらだいもの

　(訳) 急いで立ち戻ろう。月も眺めたし、恋人は我が宿で待っているはずだから。

　(野) いすじたちむどぅら／つぃちんながみたいササササ／／さとぅやわがやどぅに／まちゅらでむでむぬササササ

　(口) Isuji tachi-mudura / Tsichi n nagamitai *sa sa sa* // Satu ya waga yadu ni / Machura (demu-) demunu *sa sa sa*

　(英) I must hurry back now I've seen the moon. My beloved will be awaiting me at the inn.

「さあさあ節」は単純な上下句反復型の曲であり、その題は上句と下句の最後で歌われる囃子詞による。曲は2つの14拍の楽節でできており、第2楽節の前半で高音域に入る。下二の6音は下二4〜5（「でむ」）を繰り返すことで8音の句になり、前の3句と同じ構造になる。

十八段

仲風節（本調子）

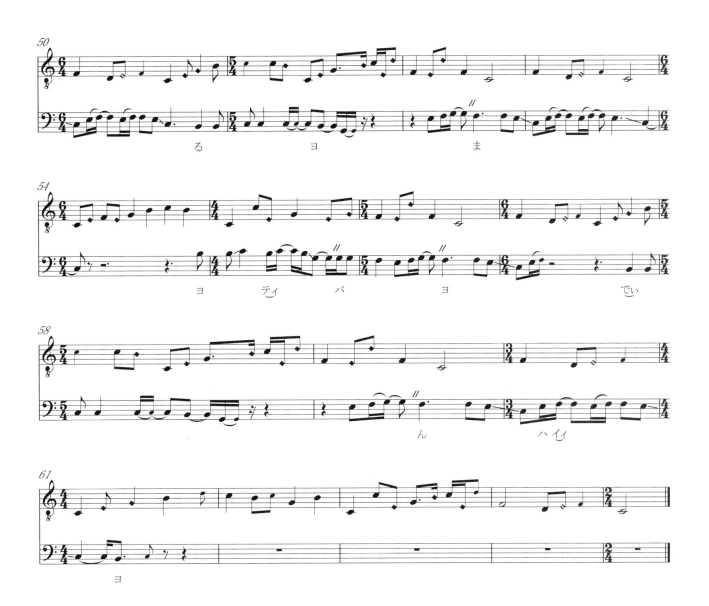

仲風節（本調子下出し）

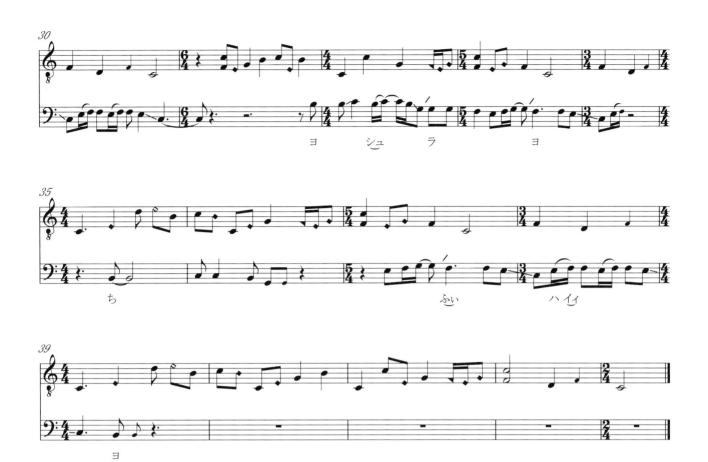

仲風節（二揚げ）

仲風節（二揚げ下出し）

赤田風節

今風節

仲風節（なかふうぶし）（本調子）

(全918) 語りたや語りたや月の山の端にかかるまでも

　(訳) 語りたい、語りたい。月が山の端にかかるまでも。

　(野) サカたいヨたや／かたいたや／／つぃちぬやまぬふぁにヤカラ／かかるヨまヨティバヨ
　　　でぃんハイヨ

　(ロ) *sa* Katai-*yo*-taya / Kataitaya // Tsichi nu yama nu fa ni *yakara* / Kakaru *yo* ma-*yotiba yo*-di
　　　n *haiyo*

　(英) I long to be with you, to talk with you, until the moonlight reaches the edge of the hill.

　「仲風」形式の歌詞を使う曲は「仲風節」（本調子と二揚げ、数曲）、「今風節」、「赤田風節」と「柳節」である。そのなかで「柳節」だけは7/7//8/6（実際は8/7//8/6）の歌詞で歌われ、琉歌形式の歌詞（8/8//8/6）の昔節（中巻節）と同系の形式を呈しているのに対して、その他の「仲風」系曲は5/5//8/6または7/5//8/6の歌詞を使い、すべて同じ雛形（テンプレート）に基づいている。その曲調は極めて叙情的であり、個人的な感情を直截に心に訴えるように表現する歌なので、近代までは公な場での演奏はタブーとされていたようで、「禁歌」または「不宜歌」と呼ばれていた。

　「仲風節」という題を持つ曲は主に「本調子仲風節」、「下出し本調子仲風節」、「二揚げ仲風節」、「二揚げ下出し仲風節」であり、原曲はおそらく『欽定工工四』の中巻に、昔節とともに載せてある「本調子仲風節」である。他の曲を例にして、仲風系の曲の相互関係を考えると、「本調子仲風節」は「仲風節」、「二揚げ仲風節」は「揚げ仲風節」、「今風節」は「長仲風節」、ということになるが、実際そういう曲名がない。因みに「赤田風節」は「本調子仲風節」のバリアントである。

　「本調子仲風節」の音階は、ほとんどの昔節と同じように、1a型が優勢であり、始終C（合、工）が主音である。拍節は自由奔放であり、感情表現に任されており、他曲の端正な規則性がみられない。曲は歌持ちではなく、長い器楽前奏（77拍）で始まる。この前奏にはその後の旋律素材の大部分が含まれているので、旋律素材の呈示部と考えることができる。旋律の呈示は *15/2* まで続き、*15/3～19/1* の15拍は *2/3～6/1* の反復である。歌い出しは1拍だけの感嘆詞のようなもので、その後、前奏の冒頭の動機が現れる（*19/3～20/1*）。*21/1～23/3* の10拍は前奏の反復部（*4/1～6/1*、*17/1～19/1*）と同じである。上二は *28* で始まり、新しい旋律素材が導入される（*29～32*）。上句反復はないが、下一は上一4からのフレーズで始まり（*23/4*）、下一3までこのフレーズを反復する。*41* での断片的なフレーズ（「やまぬ」）の後、下一7でまた上一4からのフレーズを反復する（*43/4*）。断片的なフレーズは再び登場するが（*48*）、今回は囃子詞（「ヤカラ」）で歌われる。

　下二は *49* で始まるが、旋律素材のほとんどは前奏から引用されているものである。三線の旋律には長い反復部（25拍）があるが（*49/1～53/4*、*56/1～61/1*）、この反復部での歌の旋律の最初の10拍は異なり、11拍目（*57/5*）からまた合流する。*61～65* は前奏の *16～17* と *14～15* を逆の順番に繰り返して、曲が終わる。

反復からみた歌の形式は他曲と同様、基本的には2部形式であるが、ほとんどの曲と違い、2部形式は上句：下句という単位で成り立つのではなく、いわゆる「展開部」は下二にあるので、第1部は上一、上二、下一、第2部は下二ということになる。

仲風節（なかふうぶし）（二揚げ）

(全1013) 誠一つの浮世さめのよでい言葉のあはぬおきゆが
　(訳) この世は誠が大切だ。なんで誠をつくして語っていく言葉が人の心を動かさないということがあろう。
　(野) サまくとゥヨふぃとゥついぬ／うちゆさみ／／ぬゆでぃいくとゥばぬンゾヨ／あわンヨうヨシュラヨちゅがハイ
　(口) *sa* Makutu *yo* fitutsi nu / Uchiyu sami // Nuyudi ikutuba nu *nzo yo* / Awan *yo* u- *yo* shura *yo* -chu ga *hai*
　(英) Sincerity means all in this fleeting world. So why is it that sincere words can fail to move people's hearts?

　「二揚げ仲風節」は原曲の「本調子仲風節」の5度上へ移調された曲である。歌は2、3箇所を除いて、ほぼ正確に原曲から移調された形になっているが、器楽奏法の関係で三線のパートは正確に移調されているのではなく、往々にして改変させられている。主音は本調子のI弦のC（合）からの二揚げのII弦のG（四）に移っているので、I弦は全く使われていない。冒頭の9拍は「本調子仲風節」の冒頭の8拍に相当するが、お互いに関連がない。その結果、「二揚げ仲風節」の前奏には明確なA-B-A'の3部構造が現れる（A: *1~5*、B: *6~10*、A': *11~16*）。音形の形式的な調間対応関係を取り入れながら、その後の旋律進行は *12/3* まで両曲において同じであるが、「本調子仲風節」の *12/4~14/4* の12拍に相当する箇所が省略され、*13* から「本調子仲風節」の *15* に相当するところに飛ぶということになる。その後の旋律、拍節と形式は、細かい違いはあるが、移調法則に基づいて、両曲においてほぼ同じである。計算されたと思われる移調であるので、首里士族の高度な音楽的教養を物語っている曲である。

　因に、同じ節名をもつ曲で本調子と二揚げの2つのバージョンがある場合、曲名から判断すると必ず本調子曲のほうが原曲であり、二揚げ曲は移調された形になるので、「仲風節」も例に漏れず、「本調子仲風節」は原曲と思われる。

仲風節（なかふうぶし）（下出し、さぎんじゃし）

(全1025) 結ばらぬ片糸のあはぬ恨みとてつもる月日

(訳) 結ばれない片糸のように、会う事ができないのを恨みながら、月日は積もるばかりだ。

(野) むすぃばらぬ／かたいとぅぬ／／あわんうらみとぅてぃンゾヨ／つぃむるヨつぃヨシュラヨちふぃハイヨ（本調子）

(野) むすぃばらぬ／かたいとぅぬ｜かたいとぅぬ／／あわんうらみとぅてぃンゾヨ／つぃむるヨつぃヤカラヤカラちふぃハイヨ（二揚げ）

(口) Musibaranu / Kataitu nu ｜ Kataitu nu // Awan urami tuti *nzo yo* / Tsimuru *yo tsi- yo shura yo* -chifi *haiyo*（本調子）

(口) Musibaranu / Kataitu nu // Awan urami tuti *nzo yo* / Tsimuru *yo tsi- yakara yakara* -chifi *haiyo*（二揚げ）

(英) Like a thread that remains untwined, my grudge at our separation grows with the passing days and months.

（本調子下出し）

『欽定工工四』には「仲風節」という題で本調子曲と二揚げ曲の2曲がみられるだけで、「下出し」と冠する「仲風節」の譜がない。仲風形式の歌詞と「仲風節」を雛形にしてその形式原理を利用して、多くの「仲風節」のバリアントが存在していたようである。公の場での演奏は敬遠されていたので、演奏家の遊び感覚で色々なバリアントが創られていたが、現行工工四には「下出し仲風」という題で本調子曲と二揚げ曲の2曲の譜が掲載されている。「下出し」という用語の由来は不明であるが、原曲の歌い出し（最初のフレーズ）より低い音域（一般的には4度か5度）で歌を始めるという意味である。「下出し」と冠する曲は現在「仲風節」と「述懐節」だけであるが、同じ原理はすでに述べた「金武節」と「仲間節」の関係でみられるものであり、「仲間節」は「下出し金武節」または「金武節」は「揚出し仲間節」と考えることができる。

ただ、現行の「下出し」と冠する曲にはもうひとつの重要な特徴があり、それは歌持ちまたは前奏がなく、いきなり歌い出すということであり、この奏法は特に組踊の音楽で使われるものである。

「本調子下出し仲風節」は「本調子仲風節」のバリアントであるが、前奏が省略されているだけではなく、上一は大幅に短縮されている（*1/1~2/1*）。上二は*3/1*で始まるが、3から「仲風節」の下二（*28~32*）と合流し、旋律の骨格は同じである。下二の歌詞は短いフレーズ（*8/3~9/7*、「仲風節」の合の手（*33~34*）に相当）で繰り返される。*10*では新しい旋律が導入されるが、*11*から「仲風節」の*35*とまた合流する。その後、*19*から曲の終わりまで「仲風節」のバリアントとして進行する。「仲風節」の下二の長い反復部は*24/4~30/5*と*32/3~37/5*でみられる。曲の冒頭のフレーズ（*1/3~2/2*）はこの反復部の最後の小節（*30, 38/1~39/2*）とほぼ同じであり、歌の最初と最後のフレーズは断

片的に同じということになる。

(二揚げ下出し)
　「二揚げ下出し仲風節」は、三線のパートにおける形式的な移調による音形変化法則に従って、ほぼ「本調子下出し仲風節」の5度上へ移調された形になっているが、後者の下二の歌詞の繰り返しは「二揚げ下出し仲風節」にはなく、16拍による三線の独奏部分(*7/4~11/4*)の後、すぐ下句に入る(*11/4*)。「下出し」両曲のその後の進行はほとんど同じであるが、*29/6~32/1*の囃子詞のフレーズでは、歌はそれまでの5度ではなく6度上への移調になり、強い緊張感を生み出す。「二揚げ仲風節」と同様、原曲から細かく計算された方法で出来上がった曲であることは明白であり、高度な音楽的教養がなければ、到底創れないはずの曲である。

赤田風節 (あかたふうぶし)

(全919) 赤田門やつまるとも恋しみもの門やつまてくいるな
- (訳) 赤田門は閉じてもかまわないが、恋しい御物門は閉じてくれるな。
- (野) サあかたじょや/つぃまるとぅん//くぃいしみむぬじょやンゾヨ/つぃまていくぃシタリガるなヨ
- (口) *sa* Akatajo ya / Tsimaru tun // Kuishi mimunujo ya *nzo yo* / Tsimati kwi- *shitariga* -ru na *yo*
- (英) I care not if the Akata gate [to Shuri Castle] is closed, but, pray, do not close the dear Mimunu gate [through which the poet must pass to meet his lover, who is in the service of the court].

　「赤田風節」は「本調子仲風節」を簡略化したバリアントであり、両曲の形式や旋律の輪郭は同じである。「赤田風節」の旋律の最も顕著な特徴は*4/2~5/1*で初めてみられる動機(5拍)である。この動機は反復部の一部の旋律(*9/1~11/1*)の輪郭の元になっているだけではなく、反復部の導入動機にもなっている(*19、26*)。その後、下二の冒頭において副主音(F、四)で始まる旋律(*34*)を導入するために変形された形で現れ、下二4と5のなかに挟まれている囃子詞の前にも使われる(*40*)。後奏(*48~52*)にも2回使われている(*48、51*)。仲風形式の曲の特徴のひとつである下二での三線の旋律の反復は少し変形された形で*36/1~41/1*と*44/1~49/1*でみられるが、*45/1~2*の2拍と*47*の4拍によってフレーズが拡張されている。

今風節（いまふうぶし）

(全918) 語りたや語りたや月の山の端にかかるまでも

(訳) 語りたい、語りたい。月が山の端にかかるまでも。

(野) サヨかたいたや／かたいたやハイ／／つぃちぬやまぬふぁにヨティバ／かかるヨまシツィユマティでぃんヨメヌモヤハイサシティンドヨ

(ロ) *sa yo* Kataitaya / Kataitaya *hai* // Tsichi nu yama nu fa ni *yotiba* / Kakaru *yo* ma- *shitsi yu mati* -di n *yo menumo ya hai sashitin do yo*

(英) I long to be with you, to talk with you, until the moonlight reaches the edge of the hill.

　「今風節」は「本調子仲風節」を雛形にした曲のなかで最も長く、最も変化にとんだ曲である。歌詞は「本調子仲風節」と同じもの（5/5//8/6の仲風形式）を使う。「本調子仲風節」の旋律素材を大幅に拡張した曲であるので、「長仲風節」という性格の曲である。原曲であるはずなのに、「仲風節」は『屋嘉比工工四』に含まれていないが、「今風節」は「伊平屋節　今風トモ云」という題で掲載されている。ただ、「長伊平屋節」と「本伊平屋節」と全く別系統の曲であり、「伊平屋」との関係とその題の由来は不明である。「仲風節」と同様、「疱瘡歌」(1805年)という琉歌集の表紙裏には「禁歌」としてわく取りされており、公の場での演奏は控えられていたようである。『琉歌百控』(独節流、覧節流)では「古節」と分類されている。

　「今風節」と「仲風節」の形式はほとんど同じであるが、「今風節」の場合、下句の後に長い囃子詞による部分があり（*99/3~107/2*、34拍）、「仲風節」にはそれに相当する部分がない。前奏は2つの部分に分かれている。*1/1~8/2*（30拍）は前奏にしか現れないが、それに続く18拍（*8/3~13/1*）の楽節はその後、上一、上二、下一の反復部（*19/1~26/4*）を導入するために3回も部分的に使われている（*38/4*などから）。「本調子仲風節」の最初の断片（*19/2*、1拍）は「今風節」の場合、24拍（*13/3~16/4*）に延ばされている。この反復句の最後のフレーズ（「やまぬ」*50/4~54/2*、「ヨティバ」*64/6~67/3*）は「本調子仲風節」の*41*（「やまぬ」）と*48*（「ヤカラ」）に対応するが、3拍の断片からかなり長い楽節（それぞれ16拍と11拍）に拡張されている。

　下二からの展開（*69/3*から）は興味深く、「仲風節」の三線旋律の反復部は、「今風節」の場合、歌にも現れ、*75/1~83/1*と*92/1~99/2*がそれである。下二4～5は「までぃ」（「迄」）という歌詞で歌われるが、「ま」と「でぃ」の間に「仲風節」の同じ箇所の「ヨティバ」に対応する囃子詞の楽節は*85/4~92/1*にあり、28拍の長い楽節をなすので、歌詞の意味上の連続性はさえぎられることになっている。この囃子詞（「シツィユマティ」、すなわち「時節を待て」）に具体的な意味があるので、2つの全く別のテキストが同時に歌われているということになる。この囃子詞の楽節の旋律は非常に独特であり、*88~90*には声明の歌唱法と思われる部分がある。

　下二の反復部の後にさらに長い囃子詞があり（*99/6*から）、「メヌモヤ」（「前の舞人」の意か）の途中から上一の冒頭のフレーズが断片的に現れる（*99/6~103/3*、*17/2~22/1*）。三線独奏による後奏（*107/5*から）は前奏の後半（*8/4*から）の旋律を再現し、最後まで弾いてから曲が終わる。

十九段

述懐節(本調子)

正誤表

150頁　34小節目

166頁　28小節目

264頁　53小節目

述懐節（本調子下出し）

述懐節（二揚げ）

述懐節（二揚げ下出し）

東江節

東江節（二揚げ）

東江節(アーキー)

述懐節（しゅっくぇーぶし）（本調子）

（全666）さらば立ち別らよそ目ないぬうちにやがて暁のとりも鳴きゆら

　　（訳）さらばこれで別れましょう、だれかに見られないうちに。やがて暁の鳥も鳴くだろう。

　　（野）さらばたちわからヨ／ゆすみねんうちにヨ／／やがてぃあかついちぬ／とぅいんなちゅらヨ

　　（ロ）Saraba tachiwakara *yo* / Yusumi nen uchi ni *yo* // Yagati akatsichi nu / Tui n nachura *yo*

　　（英）Well, let us now part, away from prying eyes. The cock will soon crow to signal the break of day.

　「述懐節」は「仲風節」と対を成し、両曲は独唱で演奏される代表的な叙情歌である。『欽定工工四』以来、「仲風節」と「述懐節」の楽譜は立て続けに掲載されており、両節名のもとには本調子、二揚げ、本調子下出し、二揚げ下出しという少なくとも4つのバージョンがある。「仲風節」と同様、「疱瘡歌」（嘉慶10年〈1805年〉成立）という琉歌集では「禁歌」とされており、公の場での演奏は控えられていたようである。

　「述懐節」は仲風形式の歌詞ではなく、琉歌形式の歌詞が使われているが、拍節は「仲風節」と同様、非常に自由である。公の場で演奏するに相応しい曲は、整然な拍節と端正な演奏法で普遍的な内容を表現するものであったが、「仲風節」、「述懐節」などの「禁歌」の場合、演奏家中心の技巧的な面もあり、個人的な激しい感情を不安定な音楽語法を使いながら表現する内容になっているので、演奏は本来あくまでも内輪の催しに限られていたと思われる。

　「本調子・述懐節」の旋律はほとんど9度という狭い音域のなかで展開されるが、不規則的な拍節により強い緊迫感がこの曲だけではなく、「述懐節」全曲を支配している。前奏（17拍）のＤ（五）から9度下のＣ（合）への下行進行（*1/1~3/4*）は上一の楽節（*4/3~10/2の21拍*）に反映されており、旋律の9度の枠はそれに続く三線の合の手（*10/2~11/3*）にも短縮した形で現れる。上二は2つのフレーズに分かれており、下一と同じように3音：5音という構造になっている。上二の2番目のフレーズの最後の9拍（*17/1~18/5*）は上一の楽節の後半（*8/1~10/2*）と同じである。

　上句と下句をつなぐ合の手（*19/1~20/1*）は前奏の冒頭の小節と同じであるので、両句の区切りをはっきりさせる効果がある。下一の2番目のフレーズ（*22/4~26/1*）の旋律の輪郭は以前の2つの長いほうの楽節（*4/3~10/2、15/4~18/5*）と同じ1オクターヴによる下行進行が特徴であり、これは「述懐節」全曲の旋律の特徴でもある。「仲風節」と同様、下二（*27/2から*）で最低音域に入るが、三線のパートでは上一の後の合の手から始まるフレーズが再登場する（*27/3~30/4、10/2~13/4の13拍*）。下二の最後のフレーズ（*32/1~33/5*）は上二の最後のフレーズ（*17/1~18/5*）と同じである。後奏は前奏の最初の15拍の反復である。

述懐節（しゅっくぇーぶし）（二揚げ）

(全713) 拝でなつかしややまづせめてやすが別て面影の立たばきやしゆが

    (訳) お会いして淋しさはともかくとして、お別れした後に面影が立ったらどうしようか。

    (野) うぅがでぃなつぃかしやヨ／まずぃしみてぃやすぃが／／わかてぃうむかじぬ／たたばちゃしゅが

    (口) Wugadi natsikashi ya *yo* / Mazi shimiti yasiga // Wakati umukaji nu / Tataba cha shu ga

    (英) My forlorn feelings are briefly soothed by our meeting, but what shall I do when your image floats up before me once we have parted?

　「二揚げ述懐節」は「本調子述懐節」を5度上へ移調したバリアントである。両曲の形式や旋律構造はほとんど同じであるが、正確な移調は三線と声の音域の制限のために不可能であるので、原旋律の細かい変化や修飾の違いは全曲を通してみられる。両曲のそれぞれの前奏だけはお互いに相互関係がなく、この部分では旋律と拍節は全く違う。「本調子述懐節」の場合、上句と下句をつなぐ三線の中奏 (*19/1~20/1*) には前奏の冒頭の6拍が使われており、両句の形式的区切りをはっきりさせる効果をもつが、「二揚げ述懐節」の場合、前奏の真ん中のフレーズ (*3/1~5/1、22/2~24/1*、8拍) が同じ役割を果たしており、両句の区切りをぼかしている。下句は*36/4*から上句と同じように終わり、それに続く後奏は中奏と同様、前奏の*3/1*からの繰り返しになり、今回は前奏の*7/1*まで再現して終了する。

　この曲の特徴である不規則的拍節と高い音域の歌の旋律により、極めて緊迫した叙情的な世界が披露される。両曲の旋律素材は基本的には同じなのに、「本調子述懐節」のより押さえた、落ち着いた叙情的表現と趣がだいぶ違う。

述懐節（しゅっくぇーぶし）（下出し、さぎんじゃし）

(全674) いな昔なるゐ哀れ語らたるなれしい言葉の朽たぬうちに

    (訳) はや昔のことになってしまったのか。悲しくも語り合った親しい言葉はいまだ朽ちないというのに。

    (野) いなんかしなるいヨ／あわりかたらたるヨ／／なりしいくとぅばぬ／くたんうちにヨ

    (口) Ina nkasi narui *yo* / Awari katarataru *yo* // Narishi ikutuba nu / Kutan uchi ni *yo*

    (英) Is it really all now in the past? How sad, although the intimacies we exchanged remain as vivid as ever.

(本調子下出し)

　「本調子下出し仲風節」と同様、「本調子下出し述懐節」には前奏や歌持ちがなく、曲はいきなり低い音域による歌で始まる。上一の楽節（1/1〜6/2）は「本調子述懐節」と「本調子下出し述懐節」両曲において同じ長さであるが、両曲の旋律が合流するところは「本調子下出し述懐節」の4/1からである。11/4（上二4）から始まるフレーズも原曲の同フレーズ（15/4〜18/5）に比べて「下出し」で始まるが、拍数は同じである。その後、最後まで両曲の拍数と拍節は同じである。下句では両曲の間に細かい違いはあるが、同一旋律を修飾する程度にとどまっている違いであるので、両曲は基本的には同じと言える。「本調子述懐節」と違い、下二に続く締めくくりの後奏がない。

(二揚げ下出し)

　「二揚げ下出し述懐節」は「本調子下出し仲風節」の5度上への移調でできている曲であるが、三線のパートは「二揚げ述懐節」のより技巧的な手をふんだんに取り入れている。前奏がなく、いきなり歌で始まる曲であるが、上句の歌は二揚げ曲の低い音域で繰り広げられる。初めて高音域に入るのが下一4で始まるフレーズ（20/1）であるが、その後また低い音域に戻る。上句と下句の間の中奏（15/2〜17/1）は「二揚げ述懐節」の前奏の一部（3/2〜5/1）の変形である。「本調子下出し仲風節」の下句の後には後奏がないが、「二揚げ下出し述懐節」の場合、「述懐節」の前奏の途中からの部分（3/2〜7/1）を変形させた形の後奏（16拍）が付いている。

東江節（あがりーぶし）（本調子）

(全576)あがりあかがれば夜の明けんともて月どぬきやがゆる恋し夜半

(百40)東り明れは夜の明んともて月とのちやかよる恋し夜半

(訳)東のほうが明るくなってきたので、夜が明けるのかと思ったら、まだ月がのぼってくる恋しい夜半であった。

(野)あがりあかがりば／ゆぬあきんとぅむてぃヨスリ／／つぃちどぅぬちゃがゆる／くいしやふぁんシュスィガヨ

(口)Agari akagariba / Yu nu akin tumuti *yo suri* // Tsichi du nuchagayuru / Kuishi yafan *shusi ga yo*

(英)It seemed that day was about to break as the eastern sky lit up, but it was the moon appearing on high in the depth of this charmed night.

　「東江節」は、本調子と二揚げの2つのバージョンがあり、「仲風節」と「述懐節」と同様、二揚げのほうは本調子原曲の5度上に移調された形である。『琉歌百控』では「昔節」と分類されているが、「疱瘡歌」では「禁歌」とされている。

　「本調子東江節」は14拍の前奏で始まる。それに続く上一、上二と下一の旋律はすべて途中ま

で同じ進行になる。上二は30まで（42拍）上一と同じであるが、上句の後では「東江節」の際立った特徴である7度による「次第下げ」が囃子詞の「スリ」で現れる（35/2~4）。下一は49まで上一と同じであるが、下二では新しい旋律素材が導入され、上一の旋律を部分的に取り入れながら展開する（51/3~60/4）。58からの三線パート（58~63、14拍）は上一の最後の小節（20）から上二に戻る旋律の再現であるが（21~24/2）、下二5~6とそれに続く囃子詞による歌の旋律は上句の同箇所の旋律の変形である。後奏は前奏と同じである。

東江節（あがりーぶし）（二揚げ）

(与) 義理ともて二人暇呉てあすがまこと別れよる際になれば

(訳) 義理の道と思って、二人は暇乞いを決めたが、いざ別れのときとなると（やはり辛い）。

(野) じりとぅむてぃふたい／いとぅまくぃてぃあすぃが／／ヨアキまくとぅわかりゆる／ちわになりば

(口) Jiri tumuti futai / Ituma kwiti asiga // *yo aki* Makutu wakariyuru / Chiwa ni nariba

(英) Considering it their moral duty, the two resolved to bid farewell, but [how difficult it was] when the time came to part.

「二揚げ東江節」には前奏も後奏もないが、それ以外、「本調子東江節」の拍節や旋律進行をほとんどそのまま守りながら、旋律を5度上へ移調したバリアントである。上句のすぐ後の特徴的な「次第下げ」は「アーキー」という囃子詞で現れ、高い音域で歌われるので（30/2~4）、非常に劇的な効果がある。下二の後、囃子詞を入れずに曲がいきなり終わるので、「本調子東江節」の歌の最後の4小節（60~63）に相当する部分が省略されている。

東江節（アーキー）（あがりーぶし、あーきー）（二揚げ）

(組踊、忠臣身替の巻) あけ、夢がやゆら

(訳) ああ、夢を見ていたのだろうか。

(野) アキゆみがやゆら

(口) *aki* Yumi ga yayura

(英) Ah, was it a dream?

「東江節」の「アーキー」は「二揚げ東江節」を部分的に引用した断片的な曲である。「アーキー」は組踊など、芝居で感情が最高潮に高ぶる場面で発せられる愁嘆の言葉である。それを表現するために、「東江節」の特徴的な7度による「次第下げ」が利用され、その効果が最大限に活かされ

ている。琉球音楽では、押さえた表現が一般的であり、直接に聞き手の感情に訴える表現は疎んじられているが、悲壮な感情を伝える最も代表的な曲は「東江節」の「アーキー」である。「二揚げ東江節」からの抜粋であるが、下句の最後の囃子詞から始まり (*29~30*)、そのまま「二揚げ東江節」の頭に戻り、*4/4* (18拍) まで同じ旋律をたどる。*5/1* からいきなり「二揚げ東江節」の下句の最後のフレーズに飛んで、終わりまで両曲は同じである。ということは、この曲は「二揚げ東江節」の中間部 (*1~2*)、冒頭部 (*3~4*) と終結部 (*5~10*) の旋律を組み合わせて構成されている曲であるということがわかる。

二十段

小浜節

石之屏風節

夜雨節

古見之浦節

揚古見之浦節(1)

東里節

小浜節（くばまぶし）

（全1074）小浜てる島や果報の島やれば大岳はこしあて白浜前なち
（百145）小浜てる嶋や嘉報な嶋やれは大嵩は靠て白浜前なち
　　　　　　　　　　　　　　　　　　　　クシヤテシラ
(訳) 小浜という島は幸せな島だ。大岳をひかえ、白浜を前にしている。

(野) くばまてぃるしまや／かふぬしまやりば／／うふだきわくしゃてぃ／しるはままいなちヨンナ

(口) Kubama tiru shima ya / Kafu nu shima yariba // Ufudaki wa kushati / Shiruhama mai nachi *yonna*

(英) The island of Kohama is a blessed isle: backed by great hills and with white beaches to the fore.

　「小浜節」という節名は『琉歌百控』の乾柔節流、独節流、覧節流にあり、早くから琉球古典音楽に組み込まれた八重山古典民謡の1つである。八重山のレパートリーには本調子と二揚げの2つのバージョンがあるが、『欽定工工四』や野村流の現行工工四にはこの「二揚げ小浜節」しか掲載されていない。『琉歌百控』では「波節」とされており、本調子の他の4曲と共に一組になっているので（乾柔節流十六段、独節流四段、覧節流十九段）、首里でも「本調子小浜節」が普及していて、それが「小浜節」という題の曲の原曲になったと思われる。本調子のバージョンがなく、二揚げのバージョンしかない曲（「干瀬節」、「子持節」など）は概して短く、単純な形式をもち、本調子から移調された二揚げ曲と根本的に異なるので、琉球古典音楽で現在まで伝承されていない「本調子小浜節」は原曲であろう。「本調子小浜節」は『欽定工工四』に載っているが、現在、野村流の工工四には載っておらず、安冨祖流工工四に見られるのみである。

　「小浜節」は代表的な八重山の歌であり、構造的には2つの独立した長い大楽節で構成されている。8/8//8/8の不規則な土地ぼめの琉歌を歌詞とし、上句と下句においても、一と二の区切りがない。両句の歌の旋律は同じ30拍の長さであるが、共通な旋律素材がなく、曲は通作の形式になっている。囃子詞は下句の後に続く短いものはあるが、上句にはない。

石之屏風節（いしぬみょうぶぶし）

(全844) 石の屏風立てて七重八重内にいくよまで舟浮もたえさかえ

(百68) 石の屏風立て七重八重内に幾代迄舟浮もたへ栄え

(訳) 石の屏風を立てたように、七重八重に囲まれた（西表島の）舟浮港はいつまでも栄えるだろう。

(野) いしぬみょうぶたていていスリ／なないやいうちに／／いつぃゆまでぃふなきスリ／むていさけいヨスリ

(口) Ishi nu myobu tatiti *suri* / Nanai yai uchi ni // Itsiyu madi Funaki *suri* / Mutei sakei *yo suri*

(英) As if protected by a folding screen of many-layered stone, the harbour of Funauki [on Iriomote Island] is sure to flourish for ever.

「石之屏風節」は「小浜節」と同様、早くから琉球古典音楽に組み込まれた八重山古典民謡の1つである。また「小浜節」と同様、この節名は『琉歌百控』の乾柔節流、独節流、覧節流にあり、「昔節」とされている。歌詞は普通の琉歌形式である。単純な上下句反復型の曲であり、上下句の一と二は囃子詞で区切られている（*10/5~6*）。下二は上二と同じ旋律であるが、下二は囃子詞で締めくくる。

夜雨節（ゆあみぶし）

(全161) 豊なる御代のしるしあらはれて雨露の恵み時もたがぬ

(訳) 豊な御代のしるしがあらわれて、雨や露の恵みは時を違うことがない。

(野) ゆたかなるみゆぬ／しるしあらわりてぃスリユバナウレエイスリユバナウレ／／あみつぃゆぬみぐみ／とぅちんたがんスリユバナウレエイスリユバナウレ

(口) Yutaka naru miyu nu / Shirushi arawariti *suri yubana ure ei suri yubana ure* // Ami tsiyu nu migumi / Tuchi n tagan *suri yubana ure ei suri yubana ure*

(英) The portents of a rich harvest are revealed; rain and dew bestow their blessings irrespective of the season.

「夜雨節」も八重山の歌であるが、『琉歌百控』や『欽定工工四』には見られず、現行工工四に初めて琉球古典音楽として組み込まれた曲である。現在、「松竹梅」の組曲のなかの不可欠の1曲であるので、頻繁に演奏される曲である。八重山の曲の二揚げ調の独特な音階や旋律構造をもつ曲であり、形式は上下句反復型であるが、歌の旋律素材は2つの大楽節に分かれている（*4/4~10/6、11/2~15/5*）。上句と下句の一と二の間に区切りがなく、各句の歌詞は26拍で終わり、その後26拍の囃子詞が続く。歌と三線はほとんど同時進行で動く。

古見之浦節（くんぬうらぶし）

(全1248) おしつれて互に花の下しので袖に匂移ち遊ぶうれしや

  (訳) 皆一緒に花のもとに行って、袖に匂いを移して遊ぶのが嬉しい。

  (野) うしつぃりてぃたげにヨスリヌ／はなぬむとぅハリしぬでぃヨスリヌ／／すでぃににうぃうつぃちヨスリヌ／あすぃぶうりハリうりしゃヨスリヌイツィンハナヤサカイヨ

  (ロ) Ushi-tsiriti tage ni *yo suri nu* / Hana nu mutu *hari* shinudi *yo suri nu* // Sudi ni niwi utsichi *yo suri nu* / Asibu (uri-) *hari* urisha *yo suri nu itsin hana ya sakai yo*

  (英) Let us steal together to where the flowers are. What a pleasure it will be to frolic with their scent transferred to our sleeves.

「古見之浦節」という節名で3つの曲があり、3曲とも八重山のレパートリーから組み込まれたものであり、節名は西表島の古見部落から取ったものである。そのなかの1曲はこの二揚げ「古見之浦節」であり、あとの2曲は両方とも「揚古見之浦節」という題で、一揚げ調になっているが、互いに関連のない別曲である。『屋嘉比工工四』には「古見之浦節」という曲はあるが、『欽定工工四』の「古見之浦節」とは異曲であり、付録(1)で復元を試みた『欽定工工四』の「揚古見之浦節」に相当する曲である。

本曲の「古見之浦節」は八重山の独特な二揚げ音階(IIb)を使い、主音は始終C（合、工）である。拍節は八重山の歌の特徴のひとつである規則的、修飾のない4拍子が基礎であり、歌詞は八重山の不定形のものではなく、沖縄の琉歌である。形式は上下句反復型であるが、規則的反復がない。下句は*21/2*で始まり、下一4(*22/6*)から上一の最初のフレーズに戻る。下二の歌詞は*36/1*で終わり、その後は長い囃子詞が続く。途中から下句の最初のフレーズ(*38/2~39/4*)が再登場し、曲の3回目の反復になりそうなところで*40/5*から別の旋律進行になり、コーダで曲が終わる。

揚古見之浦節（あぎくんぬうらぶし）

(八)
  1) 上下ん揃て、願たこと叶なて
  2) 今年としまさらし、廻る年よくたら
  3) けふ祝ひしゆらは、明日ほくいしよらは

(訳)
  1) 上（かみ）も下（しも）も揃って、願ったことが叶って
  2) 今年の年を勝れさせ、来年はもっとだと

3) 今日祝いをしたら、明日祝いをしたら

(野)

1) かみしむんするゆてぃヨ/にがたくとぅハリかなしょりヨ｜スリヌイチュンウリシャバカリヨ

2) くとぅしどぅしまさらしヨ/みぐるとぅしハリゆくだらヨ｜スリヌイチュンウリシャバカリヨ

3) きゆゆわいしゆらばヨ/あちゃふくいハリしゆらばヨ｜スリヌイチュンウリシャバカリヨ

(ロ)

1) Kamishimu n suruyuti *yo* / Nigata kutu *hari* kanashori *yo*｜*suri nu ichun urisha bakari yo*

2) Kutushi dushi masarashi *yo* / Miguru tushi hari yukudara *yo*｜*suri nu ichun urisha bakari yo*

3) Kiyu yuwai shiyuraba *yo* / Acha fukui hari shiyuraba *yo*｜*suri nu ichun urisha bakari yo*

(英)

1) People of high and low status gather together, their wishes all fulfilled.

2) This year's harvest is better than ever before, next year's will be better still.

3) Let us celebrate today, let us celebrate tomorrow.

「揚古見之浦節」という題の曲は2つあり、現行工工四に載っている方は、近年、八重山から組み込まれた曲であり、以前の工工四に載っていない。もう1曲は『屋嘉比工工四』と『欽定工工四』に載っている曲であるが、現在、廃曲になっている。

「揚古見之浦節」2曲は一揚げ調であり、この調弦の曲の独特な不安定な調性が大きな特徴である。歌詞は八重山の不定形詩である。二揚げ「古見之浦節」との関係が非常に薄いが、旋律の輪郭にかすかにこの2曲の関連が窺える。「揚古見之浦節」の旋律の輪郭は、非常に大まかに言えば、「古見之浦節」の短3度上に現れ、それは特に歌の最初の4小節（*10/2~13/4*、「古見之浦節」では*3/4~7/2*）、真ん中の囃子詞で始まるフレーズ（*22/2~25/1*、「古見之浦節」では*16/3~19/2*）と最後のフレーズ（*29/2~34/2*、「古見之浦節」では*39/6~43/2*）で見られる。

「揚古見之浦節」は長い前奏（36拍）で始まり、後奏は前奏の後半（*5/3~10/1*）を繰り返してから曲が終わる。

東里節（あがりざとぅぶし）

(全263) 肝のもてなしや竹のごと直く義理の節節や中にこめて

- (訳) 心の持ち方は竹のように真っすぐにして、義理は竹の中に節々があるように、心のなかに込めたほうが良い。
- (野) ちむぬむてぃなしやスリ／だきぬぐとぅすぃぐくヨシュラヨ／／じりぬふしぶしやスリ／なかにくみくみてぃヨシュラヨ
- (口) Chimu nu mutinashi ya *suri* / Daki nu gutu siguku *yo shura yo* // Jiri nu fushibushi ya *suri* / Naka ni (kumi-) kumiti *yo shura yo*
- (英) The heart should be kept as straight as a bamboo stalk, with the inner nodes formed of moral obligation.

　「東里節」は『屋嘉比工工四』と『琉歌百控』に載っている唯一の一揚げ調の曲であるが、現在はほとんど本調子で演奏されている。『琉歌百控』では「波節」と分類されている。（本調子で演奏する場合、三線の譜の低いE（Iの開放弦）は長3度下のCになる。）単純な上下句反復型の曲である。上一と下一の後、歌詞と同じ拍数の囃子詞が続き、上二と下二の1は最初のフレーズの終わり（*8/1*）にあたり、上一と上二（または下一と下二）との区切りがない。3つ目のフレーズ（*12/1*から）は*13/1*から2つ目のフレーズ（*9/1*から6拍）を繰り返す。

　「東里節」は「松竹梅」の組曲のなかでは「揚作田節」に続く2番目の曲として位置されている。

付　録（1）

赤馬節

タラクジ節

揚古見之浦節 (2) (欽定下巻)

打花鼓

赤馬節（あかんまぶし）

（八）
　1）赤馬のいら、そざ/足よちやの、どきや、にやぐ
　2）生りるかい赤馬/すてる甲斐、あしよちや

（訳）
　1）赤馬の、実に羨ましいことよ。アシユチャ（赤馬）は、何と果報なことよ。
　2）生まれ甲斐があった、赤馬。誕生する甲斐があった、アシユチャ。

（野）
　1）あかんまぬヨいらしゅざヒヤルガヒ/あしゆちゃがどぅぎみゃくヨハリヌヒヤルガヒ
　2）まりるかいヨあかんまヒヤルガヒ/しでぃるかいあしゆちゃヨハリヌヒヤルガヒ

（ロ）
　1）Akanma nu *yo* ira shuza *hiyaruga hi* / Ashiyucha ga dugi myaku *yo hari nu hiyaruga hi*
　2）Mariru kai *yo* akanma *hiyaruga hi* / Shidiru kai ashiyucha *yo hari nu hiyaruga hi*

（英）
　1）How envious I am of the red horse. How auspicious is this four-legged beast!
　2）How fortunate you were born, red horse. How fortunate you came into being, four-legged beast!

「赤馬節」は八重山の代表的な祝儀曲であるが、現在、八重山古典民謡に限られており、野村流と安冨祖流の工工四に掲載されていない。しかし、『欽定工工四』には「赤馬節」の譜が掲載されており、少なくとも明治期までは沖縄でも演奏されていた曲であったと思われる。

八重山の節歌を代表するこの曲がなぜ沖縄で廃曲になったか不明であるが、ここでは『欽定工工四』の下巻に載っている「赤馬節」の三線譜を基に歌の旋律の復元を試みた。三線のパートは原譜のままであるが、『欽定工工四』には声楽譜がなく、歌詞の各音が振られている場所しか表記されていない。従って、古典音楽における歌と三線の慣用的な相互関係を考慮し、現在演奏されている八重山古典民謡「赤馬節」の歌の旋律も参考にしながら、この曲の琉球古典音楽バージョンを蘇らせようとした。

歌持ちは現行の八重山のものではなく、沖縄の「御前風」系のものである。歌詞の形式は9/9//9/9であり、各9音句の後、囃子詞が続く。旋律の輪郭は八重山の「赤馬節」と基本的には同じであるが、27〜28は独特で、八重山の曲にない箇所である。

タラクジ節（たらくじぶし）

（八）
1）いらさねさ、けふの日。どけさねさ、金日。
2）ばんすてる、けふたら。羽もいる、たき、だら

（訳）
1）ああ、嬉しい、今日の日。たいへん嬉しい、黄金の日。
2）私の生まれる今日だよ。羽根が生えるほど（の嬉しさ）だよ。

（野）
1）いらさにさきゆぬひヨ。どぅぎさにさヨくがにひヨ。
2）ばんすぃでぃるきゆだらヨ。はにむいるヨたきだらヨ

（口）
1) Ira sanisa kiyu nu fi *yo*. Dugi sanisa *yo* kugani fi *yo*.
2) Ban sidiru kiyu dara *yo*. Hani muiru *yo* taki dara *yo*.

（英）
1) Ah, how happy I am on this day. I am truly happy on this golden day.
2) Today is the day I was born. I'm so happy it's as if I've grown wings.

「タラクジ節」も「赤馬節」と同様、八重山の代表的な古典民謡の1つであり、現行工工四に掲載されていないが、『欽定工工四』には「赤馬節」の次に載せられている。八重山の工工四に載っている「タラクジ節」は『欽定工工四』のものとかなり似ているが、細かい手に多くの違いがあり、今回、八重山の歌を参考にしながら、『欽定工工四』の「タラクジ節」の声楽譜の復元を試みた。歌詞は「赤馬節」と同じく、9/9//9/9形式の八重山節歌のものであり、『欽定工工四』の歌詞は八重山では一般的に「赤馬節」の歌詞として使われているものである。

揚古見之浦節（あぎくんぬうらぶし）

(全308)打ち鳴らし鳴らし四つ竹は鳴らちけふやお座出ぢて遊ぶ嬉しや
(百385)打鳴らし鳴らし四つ竹は鳴ち今日や御座出て遊ぶ嬉しや
（訳）四つ竹を打ち鳴らして鳴らして、今日はお座敷に出て踊って遊ぶのが嬉しい。
（野）うちならしならしヨスリヌ／ゆつぃだきわならちヨスリヌ／／きゆやうざんじてぃヨスリヌ／あすぃぶうりしゃサトゥヌシヨスリヌ｜んじてぃあすぃぶうりしゃヨ
（口）Uchi-narashi narashi *yo suri nu* / Yutsidaki wa narachi *yo suri nu* // Kiyu ya uza njiti *yo suri nu* / Asibu urisha *satunushi yo suri nu* ｜ Njiti asibu urisha *yo*

（英）Sound them, sound them, let the yotsudake bamboo clappers sound! How joyous to dance at today's banquet!

　現行工工四（野村流、安冨祖流）に掲載されている「揚古見之浦節」は近年、八重山古典民謡から取り入れられた曲であり、『屋嘉比工工四』と『欽定工工四』に載っている「揚古見之浦節」と関連のない別曲である。両曲は一揚げ調である以外、共通点が見られない。今回、『欽定工工四』の譜をもとに、この廃曲になった「揚古見之浦節」の復元を試みた。因に、本曲の題に関して、『欽定工工四』では混同があり、全巻目次では「古見之浦節」になっているが、下巻の目次では「揚古見之浦節」になっている。譜そのものの題はもともと「古見之浦節」であったが、「揚」という字が書き足されている。

　『欽定工工四』の「揚古見之浦節」の場合、声楽譜を作るにあたり、参考になる資料が存在しない。ただ『欽定工工四』では歌詞の発音の振り方がはっきりしており、それに曲自体は早いテンポであり、歌と三線の旋律は同時進行で流れる傾向が強いはずなので、声楽譜をかなり正確に復元できると思われる。活発な舞踊に相応しい曲であるので、今回の復元譜をもとに原曲の「揚古見之浦節」を復活させれば、歌三線のレパートリーはさらに豊かなものになるはずである。

　上下句反復型の曲であるが、下一の最初のフレーズ（*19/1~24/3*）では三線のパートは最初の1拍以外、上句と同じであるが、歌の場合、歌詞の発音の振りかたは2箇所で上一と下一で異なるので、旋律は幾分違う。*14~16*の不規則な拍節はこの曲の大きな特徴であり、曲の流れに効果的な変化を与える。

打花鼓（ターファークー）

　「一揚げ」調の曲は非常に少なく、この調弦は三線が中国から琉球に持ち込まれた時期に、中国の三弦音楽の「正調」という最も一般的な調弦であったので、沖縄での歌三線の成立過程の解明に示唆を与える可能性がある。「打花鼓」は福建省から入ってきた芸能であり、その音楽は本来中国の音楽との直接的な関係があったはずである。中国音楽と琉球音楽の関係を解明することは重要な研究課題であるので、研究の材料を提供するつもりで「打花鼓」の歌と三線の譜をここで載せる。

　実際の演奏においてはこの曲の調性は極めて不安定である。中国の「正調」の調弦ではⅠの弦とⅡの弦の音程は全音であり、沖縄でも「一揚げ」の調弦も慣習的それに近い。ということは、三線のⅠの開放弦（合）は譜で表記されている低いほうのEというよりE♭に近い。その反面、上のオクターヴのE（六）は高い方のEなので、この2つのEの間にオクターヴ関係ではなく、短9度という強い不協和音が生まれる。以前の論文でこのことについて言及したことがあるので、ここでは割愛する（本書12頁脚注を参照）。

付　録（2）

菅撹五曲

瀧落菅撹（たちうとぅしすががち）

地菅撹（じすががち）

江戸菅撹（えどすががち）

拍子菅撹（ひょうしすががち）

佐武也菅撹（さんやすががち）

　琉球古典音楽のほとんどは声楽であり、純粋器楽曲はこの5曲だけである。しかし、「菅撹」（すががき）という日本の雅楽関連の用語がタイトルに現れていることが示唆しているように、この5曲は沖縄で成立した可能性が低く、日本本土から由来していると考えられる。本来、琉球箏曲の曲であったが、現在三線が入る器楽合奏でも演奏されることが多い。特に第1曲の「瀧落菅撹」は頻繁に演奏される曲であり、器楽合奏で必ず演奏される。

　この曲群には色々な問題があり、特に拍節は紛らわしい。「瀧落菅撹」と「地菅撹」の拍節表記は明らかに「江戸菅撹」、「拍子菅撹」と「佐武也菅撹」の拍節表記に比べて半分の音価を使っている。つまり、最初の2曲の四分音符はそれに続く3曲の二分音符に相当する。しかし、工工四では「地菅撹」のテンポは「瀧落菅撹」のテンポの半分に指定されているので、「地菅撹」の四分音符は「江戸菅撹」以降の曲の二分音符に相当するということになる。「地菅撹」は明らかに「瀧落菅撹」と同じ音価を使っているので、各曲のテンポの相対的関係は明らかではないと結論づけるしかない。

　この5曲の日本本土での由来、沖縄への伝承経路など、謎めいているところが多いので、これからの研究にゆだねる。

表1　昔節三曲の比較

		ぢゃんな節	首里節	しょどん節
前奏		引き出し（16拍、3曲共通）、歌持ち（4拍、止め3）	引き出し（16拍、3曲共通）、歌持ち（6拍、反復部4拍）	引き出し（16拍、3曲共通）、歌持ち（4拍、止め3）
上句	上一（8音）	2楽節： ①5音（7小節） 　合（6拍） ②3音（7小節） 　合（6拍） （オクターヴ開き部12小節、上一4〜8）	2楽節： ①5音（6小節） 　合（6拍） ②3音（6小節） 　合（13拍） （オクターヴ開き部6小節、上一6〜8）	2楽節： ①5音（8.5小節） 　合（6拍） ②3音（6.5小節） 　合（6拍） （オクターヴ開き部7小節、上一6〜8）
	上二（8音）	2楽節： ①5音（7小節） 　合（6拍） ②3音（7小節）	2楽節： ①5音（7小節） 　合（6拍） ②3音（7小節、含囃子詞5音5拍）	2楽節： ①5音（8.5小節） 　合（6拍） ②3音（7小節）
間奏		8小節：4小節（囃子詞）+4小節（合の手、3曲共通）	10小節：6小節（囃子詞）+4小節（合の手、3曲共通）	9小節：5小節（囃子詞）+4小節（合の手、3曲共通）
下句	下一（8音）	2楽節： ①5音（7小節） ②3音（7小節）	2楽節： ①5音（7小節） 　合（6拍） ②3音（7小節、含囃子詞5音5拍）	2楽節： ①5音（7小節、ただし2小楽節、それぞれ3.5小節） 　合（6拍） ②3音（7小節）
	下二（6音）	2楽節： ①5音（7小節、6拍の合を含む） 　合（6拍） ②1音（3.5小節）	2楽節： ①5音（7小節、6拍の合を含む）（下一の第一楽節と同じ） 　合（6拍） ②1音（4小節）	3楽節： ①3音（3.5小節） 　合（8拍） ②2音（3小節） 　合（6拍） ③1音（2小節）
後奏		間奏と同じ（8小節）。歌持ち（4拍、4拍目から）	7.5小節：3.5小節（囃子詞）+4小節（合の手、3曲共通）	間奏と同じ（9小節）

表2 『欽定工工四』集録曲と他文献（譜集、歌集）との照合

欽定工工四	屋嘉比工工四	歌道要法琉歌集	琉歌百控	琉歌百控分類	本書に集録	注（発祥地は琉歌百控による）
カギヤデ風節	◎ 御前風節	◎ かぎやで風	◎ 嘉謝伝風節	覇節	◎	
恩納節	◎	◎	◎	葉節	◎	恩納間切
中城ハンタ前節	◎ 中城ハンタマブシ	◎ 中城はんた前節	◎ 半玉節、半田間節	端節	◎	「半玉節」は「久米ハンタ前節」の可能性あり
コテイ節	◎ コテイブシ	◎ こてい節	◎ 特節	波節	◎	伊江嶋
謝敷節	◎	◎	◎	葉節	◎	国頭間切謝敷村
早作田節	◎	◎	◎	覇節	◎	
金武節	◎	◎	◎	葉節	◎	金武間切
平敷節	◎	◎	◎ 源河節	葉節	◎	別名「源河節」
白瀬走川節	◎ 白瀬ハリ川節	◎	◎ 白瀬節	波節	◎	久米嶋
クニヤ節	◎ コニヤブシ	◎ 久仁屋節	◎ 古仁屋節	波節	◎	東間切之内古仁屋村
邉野喜節	-	◎	◎ 辺野喜節、鴨脚嘉節	葉節	◎	国頭間切辺野喜村
大兼久節	-	◎	◎	葉節	◎	名護間切大兼久村
仲村渠節	◎	◎	◎ 仲柄節	昔節	◎	伊江嶋
湊原節	◎ 港原節	◎	◎ 湊原節、港原節	覇節	◎	
出砂節	◎	◎	◎	波節	◎	渡名喜嶋
仲順節	◎	◎	◎	古節	◎	中城間切仲順村
仲間節	◎ 名嘉真節	◎	◎ 名嘉真節	昔節	◎	恩納間切名嘉真村
本散山節	◎ 本算山節	◎	◎	葉節	◎	
チルレン節	◎ 智留連節	◎ ならい節(?)	◎ 習節(?)	(昔節)	◎	(大宜味間切)
坂本節	◎	-	◎	波節	◎	徳之嶋
伊江節	◎ 失蝶節	◎	-	-	◎	別名「失蝶節」
石ン根ノ道	◎ 石嶺之道節	◎ 石んねの道	◎ 石根節	波節	◎	宮古島のアヤグ
本部長節	◎ 本部抛節	◎	◎ 本部抛節、抛節	葉節	◎	本部間切
本田名節	◎ モト田名ブシ	-	-	-	◎	
大田名節	◎	◎ 太田名節	◎	波節	◎	伊平屋嶋、YKは同名異曲
アガサ節	◎ 安我佐節	◎ あがさ節	◎ 阿嘉佐節、阿加佐節	波節	◎	
瓦屋節	◎	◎	◎	古節	◎	
赤サクワデサ節	◎ アカサコハデサブシ	◎ 赤くはでさ節	-	-	◎	
芋之葉節	◎ イモノハブシ	-	◎ 芋葉節	端節	◎	真和志間切安里村
踊クハデサ節	◎ コハデサアブシ	◎ 踊こはでさ節	◎ 胡波伝佐節	昔節	◎	久米嶋
真福地之ハイチャウ節	◎ 真福地之ハイテウブシ	◎ 真福地之はいちやう	◎ 拝朝節	古節	◎	高嶺間切国吉村
花風節	-	◎ 旅かきやて風	-	-	◎	「かぎやで風節」から派生
本花風節	-	◎ 花かきやて風	-	-	◎	「かぎやで風節」から派生
本嘉手久節	◎	-	-	-	◎	
ゴエン節	-	-	-	-	◎	現「ごえん節」
ツナギ節	-	-	-	-	◎	現「つなぎ節」
揚作田節	◎	◎	◎	古節	◎	
作田節	◎	◎	◎	古節	◎	赤犬子神音東神両人作、「前の五節」
ヂャンナ節	◎ 謝武名節	-	◎ 謝武名節	古節	◎	「前の五節」、現「ぢゃんな節」
首里節	◎	◎	◎	古節	◎	「前の五節」
ショドン節	◎ 諸富節	◎ 諸鈍節	◎ 諸鈍節、志由殿節	古節	◎	「前の五節」、現「しょどん節」
暁節	◎	◎	◎	古節	◎	「前の五節」
茶屋節	◎	◎	-	-	◎	「後の五節」
昔蝶節	◎ 蝶節	◎ はべら	◎ 蝶節	古節	◎	「後の五節」、永吟節
長ヂャンナ節	◎ 長謝武名節	◎ 長智屋武名節	-	-	◎	「後の五節」、現「長ぢゃんな節」
仲節	◎	◎	◎	古節	◎	「後の五節」

欽定工工四	屋嘉比工工四	歌道要法琉歌集	琉歌百控	琉歌百控分類	本書に集録	注（発祥地は琉歌百控による）
十七八節	◎	◎	◎	古節	◎	「後の五節」、永吟節
東コマ節	◎ 東小馬踊節	◎ 東細踊節	◎ 東熊節	古節	◎	現「東細節」
ヱラブ節	◎ 永良部節	◎ 永良部節	◎ 伊良部節	古節	◎	現「永良部節」
昔カデク節	◎ 昔嘉手久節	-	◎ 嘉手古節	古節	◎	竜郷方之別西嘉得村
柳節	◎	◎	◎	古節	◎	読谷山間切楚辺村赤犬子作
天川節	◎	◎	◎	古節	◎	
稲マヅン節	◎ 昔御前風節	◎ 稲まづん節	◎ 稲真積節	覇節	◎	現「稲まづん節」
長伊平屋節	◎	◎	◎ 永伊平屋節	昔節	◎	伊平屋嶋
通水節	◎	◎	◎	昔節	◎	伊平屋嶋
本伊平屋節	-	◎	-	-	◎	
比屋定節	-	◎	◎	昔節	◎	
東江節	◎ アガリイブシ	◎	◎	昔節	◎	伊江嶋
伊野波節	◎	◎	◎	昔節	◎	本部間切伊野波村
仲風節	-	-	◎	昔節、節物	◎	
述懐節	-	◎	◎	昔節、節物	◎	
赤田風節	-	-	-	-	◎	
今風節	◎ 伊平屋節	-	◎	古節	◎	
干瀬節	◎ 干瀬仁居鳥節	◎	◎	昔節	◎	
子持節	◎	◎	◎	昔節	◎	
散山節	◎ 算山節	◎	◎	古節	◎	
仲風節	-	-	◎ 中風	昔節	◎	
述懐節	-	◎ 述懐	◎	昔節	◎	
ヨシヤイナウ節	◎ ヨシヤイノウブシ	◎ よしやいなふ節	◎ 与謝江納節	覇節	◎	現「よしやいなう節」
七尺節	◎	-	◎	昔節	◎	
揚七尺節	-	◎	-	-	◎	
白鳥節	◎	-	◎	昔節	◎	
立雲節	◎	◎	◎	覇節	◎	別名「菊見節」
百名節	◎	◎	◎	端節	◎	玉城間切百名
古見之浦節	◎	-	-	-	◎	
屋慶名節	-	-	◎	端節	◎	与那城間切屋慶名村
伊豆味節	-	◎	-	-	-	
サアサア節	-	-	佐砂節（？）	（端節）	◎	
浮嶋節	-	◎	◎	波節	◎	沖永良部嶋
前之濱節	-	-	-	-	◎	
与那原節	◎	-	-	-	◎	
遊子持節	-	-	-	-	◎	
坂原口説	-	-	-	-	◎	
荻堂口説	-	-	-	-	◎	
（揚）古見之浦節	-	-	-	-	◎	声楽譜復元
蝶小節	-	-	◎ 打東節	波節		
東里節	◎	-	-		◎	
大浦節	◎	-	◎	葉節	◎	久志間切大浦村
世栄節	-	-	-		◎	
垣花節	◎ 早謝武名節	◎	◎	端節	◎	玉城間切垣花村
沈仁屋久節	-	◎ 沈屋久ふし	-		-	
揚沈仁屋久節	◎ 銭仁屋鞍節	-	-		◎	
高祢久節						
スキ節	◎ スキ■シ	◎ すき節	◎ 寿幾節	覇節	◎	
池ンタウ節	◎ イキンタウブシ	◎ いけんたう節	◎ 池当節	波節	-	沖永良部嶋
打豆節	-	◎ うち豆節	◎	波節	-	久米嶋
与那節	◎ 与名節	-	◎	葉節	-	国頭間切与那村
久米ハンタ前節	-	◎ 久米はんた前節	◎ 半田間節	波節	-	久米嶋
江佐節	-	◎ えいさふし	◎ 宵佐節	波節	-	

欽定工工四	屋嘉比工工四	歌道要法琉歌集	琉歌百控	琉歌百控分類	本書に集録	注（発祥地は琉歌百控による）
湊クリ節	-	-	◎ 港越節	波節	◎	八重山小浜嶋
清屋節	◎ 美也節	-	◎ 美屋節	覇節	◎	YK「美屋節」は異曲
本大浦節	-	-	-	-	-	
ハヤリクワイニヤ節	-	-	-	-	-	
宇地泊節	-	-	-	-	-	
綾蝶節	◎	◎	◎	覇節	-	YK同題異曲
津賢節	-	◎	◎	昔節	-	勝連間切津賢村
高離節	◎	◎	◎	波節	-	与那城間切高離嶋（宮城島）
ズズ節	◎ ズズブシ	-	◎ 珠数節	昔節	-	
伊集早作田節	◎	◎	-	-	◎	
伊集之木節	-	-	-	-	-	
シヤウンガナイ節	◎ シヤウンガナイブシ	-	-	-	-	
シホラア節	-	-	-	-	-	
口説	◎ 口解	-	-	-	-	屋嘉比朝奇作とされる
節口説	-	-	-	-	-	
道輪口説	◎ 早口解	-	-	-	-	
大願口説	-	-	-	-	-	
揚口説	◎ 揚口解	-	-	-	-	
シホライ節	◎	◎ しゆらい節	◎ 塩来節	覇節	-	
松本節	◎ 獅子也舞節	◎	◎ 獅子舞節	覇節	◎	美里間切松本村？
万歳カフス節	-	-	-	-	-	
ウフンシャリ節	◎ オホンシヤレブシ	-	-	-	-	
サインソル節	-	-	算左右節（？）	端節	-	現「さいんする節」
伊計離節	◎	-	◎	波節	-	与那城間切伊計村
亀甲節	-	-	-	-	-	
越来節	-	-	-	-	-	
南嶽節	-	◎	◎	覇節	-	
ションダフ節	◎ シュンダウブシ	-	◎ 主武堂節	覇節	-	
ソレカン節	◎ ソレカンブシ	-	-	-	-	
ヤリコノシ節	◎ ヤレコノシイ節	-	-	-	-	
カンキヤイ節	◎ カ☑キヤイブシ	-	◎ 賀武喜屋江節	覇節	-	
仲里節	-	-	◎	波節	-	久米嶋仲里間切
嶋尻天川節	-	-	-	-	-	
早嘉手久節	-	-	◎	波節	-	
安波節	◎	◎	◎	端節	-	
テヤンヤウ節	-	-	-	-	-	
勝連節	-	-	-	-	-	
ジッサウ節	-	-	-	-	-	
イヤリ節	-	-	-	-	-	
アカケナ節	-	-	◎ 赤木名節、赤慶名節	波節	-	笠利間切之内赤木名村
小浜節	-	-	◎	波節	◎	八重山小浜嶋
石之屏風節	-	◎ 石之屏風	◎ 石屏風節	昔節	◎	八重山西表嶋
赤馬節	-	◎	-	-	◎	声楽譜復元、（八重山）
タラクジ節	-	-	-	-	◎	声楽譜復元、（八重山）
鳩間節	-	-	-	-	-	（八重山鳩間島）
布晒節	-	-	-	-	-	（八重山）
白保節	-	-	-	-	-	（八重山）
月夜濱節	-	-	-	-	-	（八重山）
ナカラタ節	-	-	-	-	-	（八重山）
中作田節	-	-	◎	古節	◎	現「拾遺」、中城間切伊集村
赤田花風節 (I, II)	-	-	-	-	◎	現「拾遺」

表3 『琉楽百控』の段構成や曲分類

	調弦	音階	形式型	拍数	テンポ	歌持ち	参考
初段							御前風五曲
かぎゃで風節	本調子	Iab	II:2	225 (164)	八部一厘脉（♩:82）	8拍（御前風1型）	
恩納節	本調子	Iab	I:1/c	139 (82)	八部一厘脉（♩:82）	4拍、止め3	YK歌持ち「御前風2型」
辺野喜節	本調子	Ib	I:1/a	139 (65)	八部一厘脉（♩:82）	8拍（御前風1型）	
中城はんた前節	本調子	Iab	II:1	107	八部一厘脉（♩:82）	8拍（御前風1型）	
こてい節	本調子	Iab	I:4	273 (218)	八部一厘脉（♩:82）	8拍、止め7	舞踊の時、出羽入羽の手事あり（20拍）、YK歌持ち「御前風2型」
二段							上巻節 (1)
謝敷節	本調子	Iab	I:6	89 (76)	八部一厘脉（♩:82）	8拍（御前風2型）	
平敷節	本調子	Iab	II:1	125	八部一厘脉（♩:82）	8拍（御前風1型）	
白瀬走川節	本調子	Iab	I:2/a	163 (108)	八部一厘脉（♩:82）	8拍（御前風2型）	
くにや節	本調子	Iab	II:1	115	八部一厘脉（♩:82）	8拍（御前風1型）	
坂本節	本調子	Iab	I:2/a	139 (74)	七部五厘脉（♩:88）	8拍（御前風1型）	
三段							上巻節 (2)
揚作田節	本調子	Ic	I:6	164	七部脉（♩:95）	4拍	左手中位
中作田節	本調子	Ia	I:2/a	174 (92)	七部八厘脉（♩:85）	8拍、止め7	
ごえん節	本調子	Iab	I:1/a	147 (75)	八部一厘脉（♩:82）	16拍	
港原節	本調子	Iab	I:1/a	183 (95)	八部一厘脉（♩:82）	8拍	
湊くり節	本調子	Iab	II:2	130 (84)	七部六厘脉（♩:88）	8拍	「中作田節」または「高離節」との組み合わせで「笠踊り」
四段							上巻節 (3)
出砂節	本調子	Iab	I:1/b	193 (117)	八部一厘脉（♩:82）	8拍（御前風2型）	
本散山節	本調子	Iab	I:1/b	131 (64)	八部一厘脉（♩:82）	8拍（御前風2型）	
本田名節	本調子	Iab	II:1	121	八部一厘脉（♩:82）	8拍、止め5	「本田名節」、「真福地のはいちゃう節」、「揚高祢久節」（ちゅくさい）
昔田名節	本調子	Iab	II:1	121	八部五厘脉（♩:78）	8拍（御前風2型）	
大田名節	本調子	Iab	II:1	75	八部一厘脉（♩:82）	8拍（御前風2型）	
五段							昔節（前の五節）チラシ
早作田節	本調子	Iab	I:6	125	八部一厘脉（♩:82）	4拍、止め3	「作田節」のチラシ
大兼久節	本調子	Iab	I:1/a	131 (65)	七部五厘脉（♩:88）	8拍、止め7	「ちゃんな節」のチラシ
仲順節	本調子	Iab	I:1/c	143 (84)	八部一厘脉（♩:82）	16拍、止め15	「首里節」のチラシ
芋の葉節	本調子	Ia	I:1/a	91 (53)	八部一厘脉（♩:82）	8拍、止め3	しょどん節のチラシ
瓦屋節	本調子	Ic	I:1/b	99 (61)	十一部脉（♩:60）	8拍、止め7	「暁節」のチラシ、左手中位
六段							大昔節（後の五節）チラシ
すき節	本調子	Iab	I:1/b	77 (57)	八部一厘脉（♩:82）	8拍（御前風2型）	「茶屋節」のチラシ
あがさ節	本調子	Iab	I:1/b	195 (105)	八部一厘脉（♩:82）	8拍（御前風2型）	「昔蝶節」のチラシ
伊集早作田節	本調子	Iab	I:6	168	七部二厘脉（♩:92）	前奏（32拍）	「長ヂャンナ節」のチラシ
清屋節	本調子	Ib	I:1/a	127 (67)	八部一厘脉（♩:82）	6拍	「仲節」のチラシ
松本節	本調子	Id	I:7	190 (80)	四部九厘脉（♩:136）	前奏（50拍）	獅子舞曲
七段							（花風）系
本花風節	本調子	Iab	II:2	218 (172)	八部八厘脉（♩:76）	8拍、止め8	「十七八節」のチラシ、別名「花かぎゃで風節」
花風節	本調子	Iab	II:2	235 (179)	八部一厘脉（♩:82）	8拍、止め7	別名「旅かぎゃで風節」
赤田花風節(1)	本調子	Iab	II:2	134	八部八厘脉（♩:76）	8拍	
赤田花風節(2)	本調子	Iab	II:2	254	八部八厘脉（♩:76）	8拍、止め7	
稲まづん節	本調子	Iab	II:1	260	八部二厘脉（♩:81）	18拍、止め14	
八段							（こはでさ）系
赤さこはでさ節	本調子	Iab	I:1/b	203 (127)	八部八厘脉（♩:76）	8拍（御前風2型）	
踊こはでさ節	本調子	Ic	I:4	247 (189)	七部二厘脉（♩:92）	14拍、止め13	左手中位

	調弦	音階	形式型	拍数	テンポ	歌持ち	参考
宮城こはでさ節	本調子	Ic	I:4	321 (230)	六部三厘脉 (♩:106)	22拍、止め21	左手中位
屋慶名こはでさ節	本調子	Ic (a)	I:1/a	103 (55)	七部四厘脉 (♩:90)	6拍	左手中位
九段							「世栄一鎖」など
伊江節	本調子	Iab	I:1/a	159 (87)	八部一厘脉 (♩:82)	8拍 (御前風2型)	別名「失蝶節」
世栄節	本調子	Iab	II:2	127 (99)	九部三厘脉 (♩:71)	8拍 (御前風1型)	別名「世なをり節」
垣花節	本調子	Ia	I:7	87	六部九厘脉 (♩:97)	8拍、止め7	別名「円覚寺節」又は「早謝武名節」
揚沈仁屋久節	本調子	Iab	II:1	87	七部五厘脉 (♩:88)	8拍 (御前風2型)	別名「あじそい節」
本嘉手久節	本調子	Iab	I:1/a	117 (69)	八部五厘脉 (♩:78)	6拍、止め5	別名「やくにや節」
十段							昔節 (前の五節)
作田節	本調子	Ia	II:2	453 (343)	十二部五厘脉 (♩:54)	前奏 (70拍)	
ぢゃんな節	本調子	Ia	I:5	315 (243)	十二部五厘脉 (♩:54)	4拍、止め3	
首里節	本調子	Ia	I:5	307 (207)	十二部五厘脉 (♩:54)	2+4拍 (4は反復部)	
しょどん節	本調子	Ia	I:5	327 (267)	十二部五厘脉 (♩:54)	4拍、止め3	
暁節	本調子	Ic	I:4	413 (223)	九部二厘脉 (♩:72)	24拍	左手中位、「禁歌」(疱瘡歌)
十一段							大昔節 (後の五節)
茶屋節	本調子	Ia	I:4	593 (373)	十二部五厘脉 (♩:54)	2+4拍 (4は反復部)	
昔蝶節	本調子	Ia	I:4	586 (349)	十二部五厘脉 (♩:54)	4拍、止め3	
長ぢゃんな節	本調子	Ia	I:5	670 (405)	十二部五厘脉 (♩:54)	4拍、止め3	
仲節	本調子	Ia	I:4	1121 (715)	十二部五厘脉 (♩:54)	5拍、止め4.5	
十七八節	本調子	Ia	I:4	609 (417)	十一部五厘脉 (♩:約58)	8拍、止め5	「禁歌」(疱瘡歌)、拍子不当
十二段							準昔節
伊野波節	本調子	Iab	I:4	341 (215)	十三部二厘脉 (♩:50)	6拍、止め5	「禁歌」(疱瘡歌)、「不宜歌」(歌道要法)
長伊平屋節	本調子	Iab	I:8	333 (245)	十部脉 (♩:67)	6拍、止め5	
本伊平屋節	本調子	Iab	I:8	317 (229)	十一部脉 (♩:60)	6拍、止め5	
昔嘉手久節	本調子	Ia	I:3	237 (84)	十一部八厘脉 (♩:64)	6拍、止め5	
真福地のはいちょう節	本調子	Iab	I:4	201 (163)	七部四厘脉 (♩:90)	8拍、止め7	
十三段							本調子独唱曲など
仲村渠節	本調子	Iab	I:1/b	235 (142)	九部脉 (♩:74)	8拍、止め3	YK歌持ち「御前風2型」
仲間節	本調子	Iab	II:1	133	八部五厘脉 (♩:78)	8拍 (御前風2型)	
金武節	本調子	Iab	II:1	125	八部一厘脉 (♩:82)	8拍	
通水節	本調子	Iab	I:7	271 (165)	十部脉 (♩:67)	14拍	「禁歌」(疱瘡歌)
つなぎ節	本調子	Iab	II:1	153	八部三厘脉 (♩:80)	8拍 (御前風2型)	
十四段							長歌など
本部長節	本調子	Iab	I:1/a	87	八部一厘脉 (♩:82)	8拍、止め7	長歌
石ん根の道節	本調子	Iab	III:1	119	八部一厘脉 (♩:82)	6拍	宮古島のアーグ (石嶺の小道)
永良部節	本調子	Iab	II:1	117	十部脉 (♩:67)	8拍、止め7	長歌
東細節	本調子	Iab	I:4	215	十二部八厘脉 (♩:56)	10拍	
比屋定節	本調子	Iab	I:3	144 (44)	十一部脉 (♩:60)	14拍	拍子不当
十五段							「柳一鎖」など
柳節	本調子	I (a) b	I:4	801 (409)	七部五厘脉 (♩:88)	8拍 (御前風2型)	
天川節	本調子	Ib	I:2/a	627 (249)	七部脉 (♩:95)	22拍、止め21	
ちるれん節	本調子	Ib	II:1	189	七部脉 (♩:95)	8拍、止め7	
高祢久節	本調子	Ia	II:2	91 (63)	七部四厘脉 (♩:90)	8拍、止め7	
揚高祢久節	本調子	Ic	II:2	95 (69)	七部四厘脉 (♩:90)	8拍、止め3	

	調弦	音階	形式型	拍数	テンポ	歌持ち	参考
十六段							二揚げ独唱曲 (1)
干瀬節	二揚げ	IIab	I:1/a	103 (55)	十二部五厘脉 (♩:54)	4拍、止め3	
子持節	二揚げ	IIab	I:1/a	91 (55)	十二部七厘脉 (♩:52)	4拍、止め3	
散山節	二揚げ	IIab	I:6	134	十一部七厘脉 (♩:57)	8拍 (二上げ1型)	
よしやいなう節	二揚げ	IIb	I:1/a	67	七部四厘脉 (♩:90)	8拍 (二上げ1型)	
屋慶名節	二揚げ	IIab	I:1/a	119 (63)	九部四厘脉 (♩:71)	8拍 (二上げ1型)	与那城間切屋慶名村
百名節	二揚げ	IIab	I:1/a	75	七部五厘脉 (♩:88)	8拍 (二上げ1型)	玉城間切百名村
十七段							二揚げ独唱曲 (2)
七尺節	二揚げ	IIb	I:2/a	115 (53)	十部脉 (♩:67)	4拍、止め3	
揚七尺節	二揚げ	IIab	I:2/a	111 (61)	十部脉 (♩:67)	4拍、止め3 (二上げ2型)	
白鳥節	二揚げ	IIb	I:1/a	185 (105)	五部三厘脉 (♩:126)	12拍 (二上げ3型)	
浮島節	二揚げ	II(a)b	II:1	143	六部八厘脉 (♩:98)	12拍 (二上げ3型)	沖永良部嶋
立雲節	二揚げ	IIab	II:1	69	八部三厘脉 (♩:80)	4拍、止め3 (二上げ2型)	
さあさあ節	二揚げ	IIab	I:1/a	81 (43)	八部九厘脉 (♩:75)	4拍	
十八段							仲風形式
仲風節 (本調子)	本調子	Iab	I:7	286 (230)	十二部脉 (♩:56)	前奏 (78拍)	「禁歌」(疱瘡歌)、「不宜歌」(歌道要法)
仲風節 (本調子下出し)	本調子	Iab	I:7	188 (156)	十二部脉 (♩:56)	なし	
仲風節 (二揚げ)	二揚げ	IIab	I:7	274 (195)	十部八厘脉 (♩:62)	前奏 (67拍)	
仲風節 (二揚げ下出し)	二揚げ	IIab	I:7	181 (149)	十部八厘脉 (♩:62)	なし	
赤田風節	本調子	Iab	I:7	214 (169)	十二部八厘脉 (♩:52)	前奏 (17拍)	
今風節	本調子	Iab	I:7	484 (398)	十一部六厘脉 (♩:57)	前奏 (50拍)	別名「伊平屋節」、「禁歌」(疱瘡歌)
十九段							述懐節、東江節
述懐節 (本調子)	本調子	Iab	II:1	149 (134)	九部六厘脉 (♩:69)	前奏 (17拍)	「禁歌」(疱瘡歌)、「不宜歌」(歌道要法)
述懐節 (本調子下出し)	本調子	Iab	II:1	115	九部二厘脉 (♩:72)	なし	
述懐節 (二揚げ)	二揚げ	IIab	II:1	159 (134)	九部二厘脉 (♩:72)	前奏 (27.5拍)	
述懐節 (二揚げ下出し)	二揚げ	IIab	II:1	116	九部二厘脉 (♩:72)	なし	
東江 (二揚げ)	本調子	Iab	I:2/a	277 (157)	十一部五厘脉 (♩:58)	18拍	「禁歌」(疱瘡歌)、「不宜歌」(歌道要法)
東江節	二揚げ	IIab	I:2/a	224 (152)	十一部五厘脉 (♩:58)	なし	
東江節 (アーキー)	二揚げ	IIab	II:1	42	十二部八厘脉 (♩:52)	なし	組踊のみ
二十段							八重山系
小浜節	二揚げ	IIb	II:1	81	九部脉 (♩:74)	8拍	8/8//8/8型
石之屏風節	本調子	Ic	I:1/a	135 (75)	七部八厘脉 (♩:85)	8拍	左手中位
夜雨節	二揚げ	IIb	I:1/a	79 (x2)	六部脉 (♩:111)	14拍	
古見之浦節	二揚げ	IIb	I:1/b	182 (114)	六部八厘脉 (♩:98)	8拍	
揚古見之浦節 (1)	一揚げ	Icx	III:1	157 (x3)	八部一厘脉 (♩:82)	35拍	八重山の節歌 (9/9//9/9)
東里節	一揚げ	Icx	I:1/a	59 (x2)	五部九厘脉 (♩:113)	11拍	慣用的に本調子
付録 (1)							『欽定工工四』からの復元曲など
赤馬節	本調子	Iab	III:1	131 (x2)	七部四厘脉 (♩:90)	8拍 (御前風2型)	八重山の節歌 (9/9//9/9)
タラクジ節	本調子	Ic	III:1	139 (x2)	十部脉 (♩:67)	8拍	八重山の節歌 (9/9//9/9)、左手中位
揚古見之浦節 (2)	一揚げ	Icx	I:6	166 (x2)	六部七厘脉 (♩:100)	8拍	

	調弦	音階	形式型	拍数	テンポ	歌持ち	参考
打花鼓	一揚げ	Icx	-	-	-	-	中国から伝来
付録（2）							三線器楽曲
瀧落菅攪	本調子	Ib	II:1	182	五部脉（♩:133）	-	
地菅攪	本調子	Ib	II:1	152	十部脉（♩:67）(?)	-	
江戸菅攪	本調子	Ib	II:1	190	五部脉（♩:133）	-	
拍子菅攪	本調子	Ib	II:1	220	五部脉（♩:133）	-	
佐武也菅攪	本調子	Ib	II:1	217	五部脉（♩:133）	-	

*脈拍数は67bpmで計算。世礼国男著『琉球音楽楽典』（二の十三）の場合、「大人の脈拍を一分七十二拍」に基づいて各曲の時間を決めているが、保存会版工工四において、例えば「九部脈」の曲の場合（「小浜節」など）、速度表示は♩=61になっているので、脈拍を約55bpmに基づいてテンポを決めていることになる。今回、中年男性の平均脈拍数である67bpmに基づいてテンポを決めることにした。

*「不宜歌」（『歌道要法』）、「禁歌」（『疱瘡歌』）などは「御前にて歌をうたふ時」（『歌道要法』）、演奏が禁じられている曲の意。

*「御前風1型」の場合、歌い出しは8拍目の後（C〈合／工〉は基音）、「御前風2型」の場合、止めは6拍目、歌い出しは7拍目（F〈四〉は主音）。

*拍数は工工四で表記されている曲の全体拍数と反復部分を除いたおおよその拍数（括弧付き）を示す。

一次資料

『屋嘉比工工四』屋嘉比朝寄編、沖縄県指定有形文化財。（伊波普猷文庫、琉球大学付属図書館蔵）

『野村工工四』（別名『欽定工工四』、『御拝領工工四』）、野村安趙、松村真信共編、明治2年。（沖縄県立博物館蔵）

『聲楽譜附き工工四』伊差川世瑞、世礼国男共書、1935、1939、1937、1941年初版発行。上巻は世礼国男著『琉球音楽楽典』所収。（野村流音楽協会本）

『声楽譜附き野村流工工四』（上記改訂本）、野村流古典音楽保存会、1955年初版発行。（野村流古典音楽保存会本）

『琉歌全集』島袋盛敏、翁長俊郎著、武蔵野書院、1968初版発行。

『琉歌百控』（「上編　琉歌百控乾柔節流」1795年、「中編　琉歌百控独節流」1798年、「下編　琉歌百控覧節流）」1802年）。『新日本古典文学大系62』（365～571頁）、岩波書店、1997年。

『混効験集』首里王府編、1711年（尚益2年）成立。外間守善著『混効験集　校本と研究』、角川書店、1970年。

『歌道要法琉歌集』安冨祖正元著、1850年頃（琉球大学付属図書館蔵）。池宮正治著「歌道要法琉歌集　解説と本文」『琉球古典音楽　当流の研究』231～321頁、安冨祖流絃声会発行、1993年。

『南島歌謡大成II、沖縄篇下』（『琉歌百控』、『疱瘡歌』、『混効験集』、『古今琉歌集』所収の琉歌などを収録）、角川書店、1980年。

Ryūgaku Hyakkō: Introduction and Summary

The present volume consists of staff notation of more than 100 pieces from the repertory of Ryukyuan classical music together with analysis of the distinguishing stylistic features of the genre and of the individual pieces. Whereas previous commentaries on this repertory have tended to focus on the song texts with the 'content' of the pieces becoming conflated with that of the literary texts, this study deliberately focuses on the hitherto comparatively neglected musical features in order to define the genre on the musical level and to extrapolate the formal and structural links between its musical and literary elements. It is intended for use not merely as a musicological study of the repertory but also as an alternative authoritative text for performers and for practical tuition purposes that will hopefully compensate for the shortcomings of the traditional notation.

The title *Ryūgaku hyakkō* 琉楽百控 is derived from *Ryūka hyakkō* 琉歌百控 (One Hundred Records of Ryukyuan Song), the earliest extant anthology of song texts in the *ryūka* verse form, which appeared in three separate volumes in 1795, 1798 and 1802. The difference between the two titles involves replacement of the kanji *ka* ('song' or 'verse') in the original title with the kanji *gaku* ('music') in this volume. *Ryūka* form consists of 30 syllables divided into four lines with an 8/8//8/6 syllable structure. For formal and semantic reasons especially significant in connection with the links between music and text, the upper two lines are referred to as the *kami no ku* (upper unit) and the lower two lines as the *shimo no ku* (lower unit).

Each of the three volumes of *Ryūka hyakkō* is structured in twenty sections (*dan*), each section generally comprising five song titles (*fushina*) under which there appear one or more verses that would be sung to the piece (*fushi*) in question. *Ryūgaku hyakkō* employs a similar structure with a division into twenty *dan* with each *dan* consisting in principle of five pieces. In the case of *Ryūka hyakkō* this five-part division is little more than arbitrary, but it is on the other hand ideally suited to a musical anthology since there is a strong tendency within Ryukyuan classical music for pieces to be grouped in units of five.

Most pieces, although by no means all, may be sung to more than one verse, but since this volume is concerned primarily with the musical content of the genre, only one verse is given for each piece. This is the verse to which the piece in question is most commonly sung today. It is given here in the form as it appears in *Ryūka zenshū* (the principal textual authority for *ryūka* in the modern era), in its earliest extant form in *Ryūka hyakkō*, in modern Japanese and English translation, and in the form in which it appears in the current musical text on which this volume is based together with the interpolations (*hayashi-kotoba*) unrelated to the meaning of the verse itself that appear in most of the songs in the repertory. Other verses can be found in the standard *ryūka* anthologies or in commercially available anthologies of song texts. Since the verses are all of the same syllabic length, the *hayashi-kotoba* remain unchanged no matter what the verse may be.

The traditional musical notation employed in Ryukyuan classical music is a tablature intended for the Ryukyuan three-stringed sanshin plucked lute known as the *kunkunshī* 工工四, which evolved as an adaptation of the common Chinese notational system, the *gongchepu* 工尺譜. This system of notation has been used throughout Okinawa since at least the mid-18th century, the earliest extant textual source dating from that era and being associated with the important historical figure Yakabi Chōki 屋嘉比朝寄. This early example of *kunkunshī* notation consists merely of tablature symbols and gives no indication of metre or of the melodic line in the voice. The earliest authoritative text on which performance in the Nomura school 野村流 of Ryukyuan classical music has been based since the Meiji era is the so-called *Nomura kunkunshī* 野村工工四 compiled by the founder of the Nomura school, Nomura Anchō 野村安趙 (1805-71) and published in three volumes in 1869. Also known as the *Kintei kunkunshī* ('Royal Command *kunkunshī*'), this authoritative source was compiled on the order of the last Ryukyuan king, Shō Tai 尚泰. Although still containing no indication of the vocal part, the notation employs a division into twelve vertically arranged spaces, each representing one beat, and thus provides a relatively clear indication of the metrical structure of the music.

The text based on the *Nomura kunkunshī* which is used today throughout the Nomura school of performance is that created by Serei Kunio 世礼国男 and Isagawa Seizui 伊差川世瑞 in 1935. The innovatory feature of this text is the presence for the first time of highly precise notation of the vocal part, and it is these volumes in the edition issued by the Nomura-ryū koten ongaku hozonkai (Association for the Preservation of Classical Music in the Nomura School) that are used as the basis for the notation that appears in the present volume. It should be mentioned that the other main school of classical music, the Afuso school 安冨祖流, still today employs *kunkunshī* notation without specification of the vocal part.

Needless to say, mere transnotation of the traditional notation into staff notation would be a vain enterprise were it not to add significantly to the textual content. A drawback of the traditional notation is that it offers no clues as to metrical and formal structure, in consequence of which few contemporary performers or listeners have anything but an intuitive notion of the musical content. It is hoped that this drawback is remedied in the staff notation presented in this volume. The principles of the notation system employed here are as follows.

The notation incorporates every significant element employed in the notation created by Serei and Isagawa. Bearing in mind that all earlier examples of *kunkunshī* notation had been intended solely for the sanshin, it is clearly erroneous to think of the sanshin as 'accompanying' the voice in the manner of a Western-style song with piano accompaniment. The melodic line set out in the sanshin part provides the skeletal framework of the music, and the vocal part is essentially a form of heterophonic variation of this melodic skeleton. Since the vocal line is sung by the performer while playing the sanshin (the music is customarily referred to in the Okinawan vernacular as *uta-sanshin*, or 'song and sanshin'), organic linkage between the vocal and instrumental parts is of the essence in this music and underlies the aesthetic concept of *gensei-ichinyo* 弦声一如 ('unity between sanshin and voice') that is the ideal to which performers of this music aspire. For this reason and in contrast to previous attempts to transnotate Ryukyuan music, I have placed the sanshin part above the vocal part in the notation in this volume.

Since performers of Ryukyuan classical music have traditionally been male, the vocal part is notated in the bass clef, although here too one of the aims has been to reject the idea of song and accompaniment by creating a visual impression of the sanshin part being higher in pitch than the vocal part. It should be stressed that the pitch based on C has been used solely for convenience and to ensure the use of as few accidentals as possible. In actual performance the fundamental pitch may vary to suit the tessitura of the singer and in practice can range between G up to D. Performances by large ensembles today are customarily based on C or, less frequently, B, but early recordings and the fragility of the silk strings formerly used on the sanshin would suggest that a considerably lower fundamental pitch (A or B flat) was more commonly employed in the past. The return to use of a lower fundamental pitch is desirable and is currently being encouraged by the recent dramatic increase in the number of female sanshin performers.

The notation provided in this volume represents Ryukyuan classical music in its most basic form as it appears in the traditional *kunkunshī* anthologies. In practice the music is generally performed in public with accompaniment provided by the koto and often the flute and kokyū. Performances of most of the pieces in this anthology are given by ensembles including three or more *uta-sanshin* performers, although performances by large forces of a hundred or more performers are not uncommon. However, there is a group of pieces with a strongly lyrical content that are invariably performed by a single *uta-sanshin* performer, generally with koto accompaniment; they appear in this anthology in Sections 16 (first three pieces), 18 and 19.

The origins of the Ryukyuan classical music tradition are obscure. The personal names of historical figures in the Ryukyuan classical performing arts begin to appear in documents at the start of the 18th century, but none of the names of any of the composers of the music in the classical repertory have been handed down to the present day, and historical records indicate that the origins of the music had already been lost in the distant past by that time. The music is thus likely to predate the mid-17th century, although the historical origins of the *ryūka* verse form which provides the vast majority of texts for songs in the repertory would suggest that a much earlier date of origin is unlikely.

The music was handed down almost exclusively by the Ryukyuan nobility based in the nation's capital at Shuri until the start of the Meiji era, when, having been deprived of their social position as a consequence of the forced dismantling and abolition of the kingdom of Ryukyu and the establishment of Okinawa Prefecture in its place by the Meiji government, members of the former nobility were compelled to fend for themselves. They scattered throughout the newly established prefecture, taking with them and diffusing the performing arts and other cultural accomplishments that had until then been their exclusive preserve. Granted access for the first time to these cultural riches, the former class of commoners avidly made them their own, resulting in a development that led to the florescence of the traditional performing arts in Okinawa in our time, a process of cultural diffusion without parallel anywhere else in Japan.

Ryūgaku hyakkō begins with a general analysis of the musical language and vocabulary employed in Ryukyuan classical music. This is followed by the notation and analysis of representative pieces from the repertory divided into twenty sections and two further appendices, as described hereunder.

I hope that the analyses presented in this volume will contribute to an understanding of the structural and stylistic features of Ryukyuan classical music, which constitutes one of the most popular, distinctive and important manifestations of traditional Okinawan culture. I hope too that the notation will prove useful on its own or in conjunction with the traditional *kunkunshī* notation for encouraging the diffusion and practice of this genre in Okinawa itself, in Japan and among all those with an interest in Okinawan music and culture throughout the world.

Section 1: *Kajadifū bushi, Unna bushi, Binuchi bushi, Nakagusuku hantame bushi, Kuti bushi*
- Suite of five pieces performed especially on celebratory occasions. Also known collectively as *Gujinfū gokyoku* ('five pieces for performance in the presence of the king'), although traditionally the third piece in this set has been not *Binuchi bushi* but the much longer and more sedate piece *Naga ihya bushi*, which appears in Section 12. All the pieces are contained in the first of the three volumes of the *Nomura kunkunshī*.

Section 2: *Jajichi bushi, Fishichi bushi, Shirashi haikā bushi, Kunya bushi, Sakamutu bushi*
- Five pieces in the *ha bushi* (short pieces) category from Volume 1 of the *Nomura kunkunshī*.

Section 3: *Agi chikuten bushi, Chū chikuten bushi, Guin bushi, Nnatuhara bushi, Nnatu kui bushi*
- Two pieces from the *Chikuten* group followed by a further three *ha bushi* pieces from Volume 1 of the *Nomura kunkunshī*.

Section 4: *Idisina bushi, Mutu sanyama bushi, Mutu dana bushi, Ufu dana bushi, Nkashi dana bushi*
- Two *ha bushi* pieces from Volume 1 of the *Nomura kunkunshī* followed by three from the *Dana bushi* group.

Section 5: *Hai chikuten bushi, Ufuganiku bushi, Chunjun bushi, Nmu nu fa bushi, Karaya bushi*
- Five pieces in the *ha bushi* (short pieces) category from Volume 1 of the *Nomura kunkunshī* often performed as *chirashi* (comparatively light and short pieces performed after a long, substantial piece to provide light relief) to the first five of the *nkashi bushi* (see Section 10).

Section 6: *Sichi bushi, Agasa bushi, Iju hai chikuten bushi, Churaya bushi, Matsimutu bushi*
- Four pieces in the *ha bushi* (short pieces) category from Volume 1 of the *Nomura kunkunshī* often performed as *chirashi* to four of the second five of the *nkashi bushi* (see Section 10), followed by a piece (*Matsimutu bushi*) most probably of Chinese origin used particularly as an accompaniment to lion dances.

Section 7: *Mutu hanafū bushi, Hanafū bushi, Akata hanafū bushi* (two versions), *Nni mazin bushi*

- A set of frequently performed pieces based formally on the template provided by *Kajadifū bushi* (see Section 1) and well known especially for their use as dance accompaniments.

Section 8: *Akasa kufadisa bushi, Wudui kufadisa bushi, Nyāgusiku kufadisa bushi, Yakina kufadisa bushi*

- The set of four pieces with titles incorporating the name of the *kufadisa* tree into their titles. Often performed together as a suite.

Section 9: *Ī bushi, Yuzakai bushi, Kachi nu hana bushi, Agi jinnyaku bushi, Mutu kadiku bushi*

- Four pieces constituting the suite in praise of the king known as *Yuzakai chukusai*, followed by a classical dance piece.

Section 10: *Chikuten bushi, Janna bushi, Shui bushi, Shudun bushi, Akatsichi bushi*

- The first five pieces (*mae no itsufushi*) classified as *nkashi bushi* ('ancient pieces') and appearing at the start of the second volume of the *Nomura kunkunshī*. Together with the five pieces featured in Section 11, these ten pieces stand at the core of the classical repertory.

Section 11: *Chaya bushi, Nkashi habira bushi, Naga janna bushi, Naka bushi, Jūshichihachi bushi*

- The second five pieces (*ato no itsufushi*) classified as *nkashi bushi* (or in the case of these five pieces as *ufu nkashi bushi*, 'large ancient pieces') appearing in Volume 2 of the *Nomura kunkunshī* after the pieces featured in Section 10. The longest and most formally complex pieces in the repertory.

Section 12: *Nufa bushi, Naga ihya bushi, Mutu ihya bushi, Nkashi kadiku bushi, Mafukuji nu fēchō bushi*

- A set of five pieces of substantial content and length formerly classified in *Ryūka hyakkō* as 'ancient pieces' (*nkashi bushi* or *furu bushi*) but now occupying an intermediate position between this genre and the lighter *ha bushi* genre.

Section 13: *Nakankari bushi, Nakama bushi, Chin bushi, Kaimizi bushi, Tsinagi bushi*

- A set of five pieces centring on the relatively small number of pieces customarily performed solo in the *honchōshi* tuning (C-F-C').

Section 14: *Mutubu naga bushi, Ishinni nu michi bushi, Irabu bushi, Figashikuma bushi, Hyājō bushi*

- Two pieces from Volume 1 followed by three from Volume 2 of the *Nomura kunkunshī*, all of which are relatively seldom performed but are distinguished by unusual features that set them apart from the repertory as a whole.

Section 15: *Yanaji bushi, Amakā bushi, Chirurin bushi, Takaniku bushi, Agi takaniku bushi*

- The first two pieces in this set are of extensive length and provide the music for two of the most celebrated 'women's dances' (*Yanaji* and *Amakā*) in the classical dance repertory, while the third serves as a *chirashi* when these three pieces are performed as a single suite (*chukusai*). The two last pieces provide an example of the principle of transposition in classical music.

Section 16: *Fishi bushi, Kwamucha bushi, Sanyama bushi, Yoshainō bushi, Yakina bushi, Hyakuna bushi*

- A set of five short pieces in the high-pitched *ni-agi* tuning (C-G-C') with relatively simple formal structures. The first three are generally sung solo. These and most other pieces in the *ni-agi* tuning appear in the third volume of the *Nomura kunkunshī*.

Section 17: *Shichishaku bushi, Agi shichishaku bushi, Shiratui bushi, Sāsā bushi, Ukishima bushi, Tachikumu bushi*

- A further set of five short *ni-agi* pieces from Volume 3 of the *Nomura kunkunshī* in continuation from the previous section.

Section 18: *Nakafū bushi* (*honchōshi*), *Nakafū bushi* (*niagi*), *Nakafū bushi* (*sagi-njashi* in *honchōshi* and *niagi* tunings), *Akatafū bushi, Imafū bushi*

- This section consists of the set of variant pieces employing hybrid *nakafū* texts (combining *waka* 7/5 and *ryūka* 8/6 syllable structures) that occupy the main position in the solo song repertory.

Section 19: *Shukkwē bushi* (*honchōshi*), *Shukkwē bushi* (*niagi*), *Shukkwē bushi* (*sagi-njashi* in *honchōshi* and *niagi* tunings), *Agarī bushi* (*honchōshi*), *Agarī bushi* (*niagi*), *Agarī bushi* (*Ākī*)

- A section comprising the several variants of the frequently performed solo song *Shukkwē bushi*, followed by three versions of the solo song *Agarī bushi*.

Section 20: *Kubama bushi, Ishi nu myōbu bushi, Yuami bushi, Kunnuura bushi, Agi kunnuura bushi, Agarizatu bushi*

- A set of songs originating in Yaeyama evincing the characteristics of *uta-sanshin* music from that region that were incorporated into the Ryukyuan classical music repertory and appear in the *Nomura kunkunshī*.

Appendix 1: *Akanma bushi, Tarakuji bushi, (Agi) Kunnuura bushi, Tāfākū*

- Three pieces that appear in the *Nomura kunkunshī* but have disappeared from the Okinawan classical music repertory. Based on the sanshin notation, I have attempted to create a stylistically coherent realisation of the no longer extant vocal parts of these pieces, taking account of how related pieces with these titles are performed in Yaeyama today and of the conventional style of heterophonic variation in terms of the relationship between the instrumental and vocal parts in other pieces in the repertory. The notation of the music accompanying the Chinese theatrical entertainment *Tāfākū* is also included for the light it may throw on the relationship between Ryukyuan and Chinese music.

Appendix 2: *Tachiutushi sugagachi, Ji sugagachi, Edo sugagachi, Hyōshi sugagachi, San'ya sugagachi*
- These five related pieces are the only exclusively instrumental pieces in the repertory and were originally performed on the koto. Not present in the *Nomura kunkunshī*, the versions for sanshin appeared for the first time in an anthology of sanshin music published by Matsumura Shinshin in 1892. *Tachiutushi sugagachi* in particular is a staple of the repertory frequently performed in many different contexts.

Robin Thompson
Shuri, September 2016

Robin Thompson（ロビン・トンプソン）

音楽学者、演奏家、作曲家。1950年英国ロンドン生まれ。王立音楽アカデミー、ロンドン大学東洋学部（SOAS）卒、東京芸術大学大学院音楽研究科修士課程修了。法政大学沖縄文化研究所研究員、西オーストラリア大学上席主任研究員、国際交流基金研究員、琉球大学や沖縄県立芸術大学非常勤講師などを歴任。東洋音楽学会会員。1995年からヨーロッパにおいて実演、講義、演奏指導、執筆活動により沖縄の伝統文化の海外普及に尽力。

1983年から琉球古典音楽を人間国宝城間徳太郎師に師事。琉球古典音楽野村流保存会師範、琉球古典音楽湛水流保存会師範、沖縄タイムス芸術選奨伝統芸能部門グランプリ受賞（三線、胡弓）。作曲者として和楽器のための曲多数（琉球古典音楽創作曲「陀羅尼」、「仲風三句」、雅楽のための「重々帝網」など）。

現在、沖縄県那覇市首里金城町在住。

主要著書・論文

「沖縄音楽における中国音楽の受容について」『文学』52、1984年、Die Musik Okinawas und ihre Entwicklung seit der Meiji-Zeit, Musik in Japan. Aufsätze zu Aspekten der Musik im heutigen Japan (1996)（独語）、ニューグローヴ世界音楽大事典の「沖縄音楽」項 (2001)（英語）、The Music of Ryukyu, Ashgate Research Companion to Japanese Music (2008)（英語）など。

琉楽百控 ―琉球古典音楽野村流工工四百選　解説と楽譜

ISBN978-4-89805-188-7　C1073　　　　　2016年9月20日　印刷
　　　　　　　　　　　　　　　　　　　　2016年9月25日　発行

　　著　者　　ロビン・トンプソン
　　発行者　　武　石　和　実
　　発行所　　榕　樹　書　林
　　　　　　　〒901-2211 沖縄県宜野湾市宜野湾 3-2-2
　　　　　　　TEL098-893-4076　FAX098-893-6708
　　　　　　　E-mail: gajumaru@chive.ocn.ne.jp
　　　　　　　郵便振替 00170-1-362904

　　　　　　　　　　　　　　©Robin Thompson 2016　printed in Ryukyu

榕樹書林の芸能関連書

沖縄学古典叢書①
校注 琉球戯曲集（復刻、初版・昭和4年）

伊波普猷著／解題・当間一郎　沖縄学の父伊波普猷による組踊の集大成。昭和4年の刊行後今なお、組踊の基本文献として不動の位置を占める。収録組踊＝組踊11番（護佐丸敵討／執心鐘入／忠士身替の巻／銘苅子／孝行之巻／大川敵討／大城崩）・補遺4番（女物狂／手水之縁／花売之縁／萬歳敵討）の他、組踊の合間に入る踊りの数々が歌詞と共に紹介されている。更に沖縄を代表する研究家による組踊に関する小論が附録として掲載されている。本書は復元した紅型による原装復刻の豪華本である。

　　序文（折口信夫）
　　冠船渡来と踊（知花朝章）
　　組躍と能楽との考察（真境名安興）
　　組躍談叢（莫　夢生）
　　組躍小言（末吉安恭）
　　組躍執心鐘入（太田朝敷）
　　組躍の型（太田朝敷）
　　道成寺と執心鐘入（東恩納寛惇）
　　組躍に現れたる位階制度（東恩納寛惇）
　　琉球作戯の鼻祖玉城朝薫年譜
　　　　―組踊の発生（伊波普猷）

　　　　B6、上製、紅型装、函　870頁　定価：本体6,699円＋税

沖縄学古典叢書②
琉球戯曲辞典（復刻、初版・昭和13年）

伊波普猷著／解題・当間一郎　組踊を中心に、琉歌・古謡集に用いられる用語の意味用法を説明。収録語彙は600余。琉球戯曲集の姉妹篇。

　　　　B6、上製、布装、函　278頁
　　　　　定価：本体3,786円＋税

琉球弧叢書①
新訂増補 沖縄芸能史話

矢野輝雄著　沖縄芸能の歴史を透徹したジャーナリストの眼でとらえた不朽の名著の増補決定版。民俗芸能から宮廷舞踊、組踊、古典音楽、おもろに至るまで、その成立と展開を縦横に語り尽す。　　　　A5、上製　438頁　定価：本体5,728円＋税

琉球弧叢書㉗
歌三絃往来 ―三絃音楽の伝播と上方芸能の形成

小島瓔禮著　三絃が中国から琉球、そして大和と、どの様に伝わっていったのかを文字資料・伝統芸能・伝承等を分析して開示し、沖縄芸能史にとどまらず大和の芸能史にも大きな問いを発した畢生の書。　　　A5、上製　226頁　定価：本体3,800円＋税

沖縄学術研究双書③
交錯する琉球と江戸の文化
―唐躍台本『琉球劇文和解』影印と解題

板谷　徹著　琉球江戸上りにて演じられた「唐踊」はいかなるものだったのかを東大図書館蔵の『琉球劇文和解』から読み解く。影印を完全収録。
　　　　　　　　　　　　　　　　　A5　202頁　定価：本体2,800円＋税

がじゅまるブックス⑥
琉球の花街　辻と侏儒(じゅり)の物語

浅香怜子著　辻の芸能「じゅり馬」と、やまとの「春駒」をつないで、辻の成り立ちと女達の生活の実相と社会的背景に迫る!!　　A5　120頁　定価：本体900円＋税